馆长珍藏系列

不朽大师的传世杰作

CURATOR'S COLLECTION

Monet

莫奈

[英] 迈克尔·霍华德 著

李媛 杨恩毅 译

中国法制出版社

CHINA LEGAL PUBLISHING HOUSE

献词

致莫琳

目录

引言

莫奈是世界上最著名、最受爱戴的艺术家之一。他的作品太出名了，所以我们可能会理所当然地觉得，莫奈就应该创作出这些作品。塞尚[①]有个著名的论断："莫奈只是一只眼睛，但上帝啊，这是只怎样的眼睛啊！"这句话又妨碍了我们对莫奈的解读，以为他只是把自己的视觉体验直接转移到了画布上，几乎没有加入自己的理解或想象。但是，和塞尚一样，莫奈非常努力地实现自己的憧憬，并且，也像塞尚一样，莫奈很少对自己的成就感到满意。

他的早期艺术生涯以画他的家乡诺曼底海岸为主。他成熟的作品中所描绘的场景有巴黎、伦敦、威尼斯，还有法国那些特别能引起他注意的地方。当我们回顾他的艺术生涯时，我们其实是沿着他留下的印记，重走了一遍他的生命旅程。我们从他的艺术进程中可以看到，从主要是有形的东西发展成后来他自己所说的，更具有神秘性的东西。在四处旅行之后，他就像一位东方哲学家一样，在吉维尼（Giverny）家中的后院，终日对着一小片池塘，直至人生的终点。

莫奈觉得世界是不断流动的颜色，是动态的。他立志要不落窠臼地画他所说的"不可画之物"，来赞美在视野与时间中这永不停歇的流动。

把莫奈早期作品同他中期和晚期作品相比较，我们能欣喜地看到，他早期作品中的笔触锐利，色块大，色彩对比鲜明，中期作品质感丰富浓郁，呈现出像挂毯一样的表面，上面点缀着发亮的斑点，而晚期作品则充满动感，生命力从不断打转的颜色漩涡中迸发出来。他的作品完成了从视觉走向梦幻的过程。

本书体现的正是这一过程，同时通过 12 幅有纪念意义的画作，为读者提供了了解莫奈生活和创作的独特视角。这些画作代表了艺术家生命中的重要时刻。本书中涉及的大部分材料都能在巴黎玛摩丹美术馆[②]见到，这里有世界上最多的莫奈绘画藏

① 保罗·塞尚，法国著名画家，风格介于印象派与立体主义画派之间。他的作品为 19 世纪的艺术风格转换奠定了基础。他的作品对亨利·马蒂斯和巴勃罗·毕加索产生了极大的影响。——译者注

② 玛摩丹美术馆隶属于法兰西艺术院，馆藏包括印象派和后印象派艺术家作品，以及拿破仑时代的艺术品、家具等，尤其以莫奈的作品著名，其中最为著名的藏品是莫奈的《印象：日出》。——译者注

品。1966 年，画家最小的儿子米歇尔·莫奈将他父亲的 80 多幅画作，以及许多素描和速写本捐赠给了博物馆。这些藏品提供了一个无与伦比的契机，让我们得以通过其艺术本身和其印象派画家朋友来探索他艺术的全部维度。

许多人认为莫奈的晚期作品没有跟上 20 世纪艺术的最新发展，但第二次世界大战之后，像杰克逊·波洛克这样的艺术家却把他作为榜样来模仿。和我们今天一样，这些艺术家发现，莫奈表现出了非常独特的东西，对于观察、理解和作画这个过程至关重要。

就像本书向我们展示的一样，莫奈一生和他的作品，是一首创造力的颂歌，时刻提醒着我们：感官所揭示的事物可以将我们的想象力激发到何种程度。同时它也让我们铭记，人类偶尔也拥有这种雄辩的能力，搭起沟通个人见解与公开表达的桥梁。

上图 1884 年莫奈开始创作但未完成的自画像。

起步：1840—1862

“即使是我小时候，我都不可能遵守规则……”

奥斯卡·克洛德·莫奈于 1840 年出生于巴黎，他是小店主阿道夫·莫奈的第二个儿子。莫奈 5 岁时，全家搬到法国北部繁忙的港口城市勒阿弗尔，父亲和他的姐夫雅克·勒卡代一起经营食品杂货批发和轮船补给业务。

莫奈一家在诺曼底享受着中产阶级的生活。莫奈的母亲路易斯-朱斯蒂娜是一位歌手，也是一位优秀的女主人。勒卡代一家的大门总是向莫奈一家敞开，尤其是他们在圣阿德雷斯的度假小屋。在这个环境下，莫奈成长为一个独立、热爱自由的年轻人。他反抗包括上学在内的一切限制。后来他回想这段时期时说：“阳光正好，海上风平浪静，沿着悬崖奔跑或者一头扎进水里，这感觉多么美好。这种时候我不可能待在学校，更别说一天得待上三四个小时。”

在学校，莫奈在绘画上的天赋被他的艺术老师弗朗索瓦-夏尔·奥查德所发现，并得到了他的鼓励。奥查德曾是新古典主义艺术家雅克-路易·大卫[1]的学生。莫奈 17 岁时，母亲去世。当时他通过给当地名流画漫画挣了不少零花钱。1858 年，一位本地画家欧仁·布丹注意到莫奈的作品，布丹找到莫奈并建议他把绘画作为自己的事业。

---

① 雅克-路易·大卫，法国画家，新古典主义画派的奠基人和杰出代表，他在 18 世纪 80 年代绘成的一系列历史画作标志着当代艺术由洛可可风格向古典主义的转变。大卫是罗伯斯庇尔的朋友、雅各宾派成员，在法国大革命期间十分活跃。罗伯斯庇尔失势之后，他投靠了拿破仑。在拿破仑失势后，他自我流放到布鲁塞尔，并在此终老。——译者注

虽然莫奈一开始不喜欢布丹的绘画风格，但后来也开始在露天场合与他一起作画，模仿他的样子，画诺曼底海岸线的风景。此时莫奈充满斗志，决定用他卖画挣的钱去巴黎。

上图　特鲁瓦永、米勒、卢梭和多比尼最初被人们认为是激进的画家，但在 19 世纪 50 年代，他们的风景画成了巴黎沙龙的主要作品。他们描绘的乡间淳朴画面让人心安，比如这幅特鲁瓦永的《有一条小路的乡间风景》就非常能够吸引城市里的观众。

对页下图　莫奈的漫画，非常生动地表现了波尔多葡萄酒的好处。莫奈是美酒和美食的行家。

1859 年莫奈来到巴黎。他做的第一件事就是去拜访布丹的老师康斯坦・特鲁瓦永[①]。在特鲁瓦永的建议下，莫奈加入了独立而自由的叙斯学院[②]。他父亲对此很不高兴。老莫奈并不在意儿子的计划，他给莫奈建议，比如应该进入像学院派画家托马・库蒂尔[③]的画室那样的一家严肃的工作室，但没有给莫奈经济资助。在叙斯学院，莫奈至少交下了一位一生的好友，即卡米耶・毕沙罗[④]。莫奈可能在那儿还遇到了塞尚。

虽然莫奈缺钱，但他花起钱来大手大脚，这个习惯伴随了他一生。他常在咖啡馆里喝酒、社交，比如殉道者酒馆（Brasserie des Martyrs），这是现实主义画家居斯塔夫・库尔贝圈子里的作家和画家会面的地方。他也去过巴黎沙龙，这是世界上展示法国艺术的主要舞台。他在给布丹的信中写出了自己对特鲁瓦永、夏尔-弗朗索瓦・多比尼以及让-巴蒂斯特・柯罗的风景画的崇拜之情。

很快，无忧无虑的生活在 1861 年莫奈被选中服兵役后结束。他父亲拒绝花钱疏通关系，大概是希望军队里严明的纪律能让他桀骜不驯的儿子回到正轨。莫奈被编入非洲军团（Chasseurs d'Afrique），于 1861 年 6 月来到阿尔及利亚。他在阿尔及利亚待了不到一年，就以伤寒为由退伍回家。但正如他在多年后自己所说的那样，“我在那儿感受到的颜色和光线成为我后来艺术探索的萌芽”。1862 年的大部分时间，莫奈都在诺曼底疗养，但他同时也在继续

居斯塔夫・库尔贝
（1819—1877）

和莫奈一样，库尔贝来自省外。他的绘画方式有力而带有泥土气息，经常使用调色刀。他是现实主义的名誉领袖。他的绘画充满力量地表现了乡村和城市事物，震撼了巴黎的观众。但他的《碎石工》、《奥南的葬礼》，以及《画室》等作品却引起一系列不好的反响。库尔贝是一位坚定的社会主义者，也是一个优秀的自我宣传家，为自己的作品营销、办展览，还寻到了有钱的赞助人。这些特点在年轻的莫奈身上也存在。

---

① 康斯坦・特鲁瓦永，法国画家，巴比松画派后期成员。受荷兰画家保卢斯・波特和阿尔伯特・克伊普作品的影响，转向动物画，开始为人所知。1849 年巴黎沙龙之后，他获得荣誉军团骑士勋章。——译者注

② 叙斯学院是一个画室，由雅克-路易・大卫的模特兼学生夏尔・叙斯于 1815 年创建，位于巴黎西岱岛上。工作室的艺术思想和技法以开放自由著称，因此叙斯学院也被称为“艺术与喧闹的圣殿”。除莫奈以外，塞尚、毕沙罗、马奈等著名画家都在此作过画。——译者注

③ 托马・库蒂尔，法国历史画家，曾就读于巴黎高等美术学院（Ecole des Beaux-Arts）。——译者注

④ 卡米耶・毕沙罗，丹麦裔法国印象派、新印象派画家。被誉为“印象主义之父”，以其表现法国农村、巴黎蒙马特尔高地和卢浮宫、杜伊勒里宫的风景画著名。——译者注

上图　这是莫奈 1857 年画的《古尔奈森林》（*Forest of Gournay*），从中可以看出莫奈正在学习传统的风景画技巧，当时许多专业画家和艺术爱好者都采用这一方式。

右图　向巴黎先锋派领军人物马奈致敬。在亨利・方坦-拉图尔《巴蒂尼奥尔的画室》（*Studio at Batignolles*，1870）中，左拉站在马奈左侧，墙上的画框正好把雷诺阿框住，高个子是巴齐耶，他后面看不太清楚的是莫奈。

作画，常常与荷兰画家约翰・巴托尔德・戎金一起作画。莫奈是在那年夏天遇到的戎金，后来戎金对他的艺术产生了深刻影响。

身体恢复之后，莫奈家里把他从军队里捞了出来，于是他在 1862 年秋回到巴黎。这次莫奈决心认真作画，进入瑞士著名画家夏尔・格莱尔的工作室。莫奈在这里遇到了其他年轻艺术家，后来都成了他一生的朋友，这里面包括富有的弗雷德里克・巴齐耶、含蓄的阿尔弗雷德・西斯莱——他出

画室体系

巴黎是 19 世纪视觉艺术的中心。踌躇满志的艺术家从外省、周边国家，甚至从不远万里的美国蜂拥而至。他们首先进入知名画家开办的私人学院学习，在那里准备考入久负盛名的巴黎高等美术学院。他们的训练从画古代雕塑的石膏模型开始，然后画人物，最后再开始学习大型人物画。乔治・杜穆里埃的小说《特里尔比》（*Trilby*，1894）用文学性的语言描绘了这些闹哄哄、缺乏纪律的机构。

生于一个英国家庭，以及来自工人家庭却富有才华的年轻画家皮埃尔-奥古斯特·雷诺阿。他们因为相同的志向而走到了一起，即创造一种艺术——将风景画与现代人物画结合起来。

左图　据说莫奈是因为时髦的制服而选择进入非洲军团。这幅夏尔·玛丽·吕利耶的小画虽算不上精品，但表现了一个穿着制服的骄傲的年轻人，令人难忘。

早期影响：1858—1862

“如果我成了一名画家，这归功于欧仁·布丹。”

克洛德·莫奈在诺曼底遇到了艺术家欧仁·布丹和约翰·巴托尔德·戎金，他们对莫奈的早期作品产生了最重要的影响。在19世纪五六十年代，大批的游客沿着新的铁路线来这里体验海边风情，坐在沙滩上放松聊天，释放城市生活的压力，法国诺曼底地区沿海小城镇的面貌随之焕然一新。作家朱尔·米什莱、维克多·雨果，以及艺术家欧仁·伊沙贝、居斯塔夫·库尔贝、夏尔-弗朗索瓦·多比尼、卡米耶·柯罗都曾在他们的作品中描绘过大海的温和、美丽和偶尔的恐怖。

莫奈是在1858年认识布丹的，也许他们就在布丹在勒阿弗尔小镇上长期经营的文具印刷图片装裱店里相遇。莫奈的画让布丹惊艳，布丹会拿一些在店里出售。布丹自己也会即兴描画特鲁维尔和多维尔地区那些被风吹过的秀美海滩，这些画很受小镇上小资游客们的欢迎。布丹在写给他朋友的信中提

上图　面对着广袤的海滩和无垠的天空，一群人正在享受灿烂的阳光。布丹构图的简洁性通过连续的动作、色彩丰富的服装和姿势各异的人物呈现了出来。

约翰·巴托尔德·戎金（1819—1891）

戎金出生于荷兰，是油画和水彩专家。他擅长描绘巴黎的风光和法国北部海岸的港口。戎金师从法国浪漫主义海景画家欧仁·伊沙贝。戎金的作品经常受到批评家们的高度评价，左拉曾提到戎金对“第一印象”的感受力。戎金的作品从来没有在印象派展览中展出过，但是有私人赞助商和艺术经销商资助他。戎金晚年酗酒，最终死于精神失常。

上图　在《翁弗勒尔的大帆船》（*Large Sailing Boats at Honfleurs*）这幅生机勃勃的书法式作品中，戎金捕捉到微风徐来的河口景象，船正驶向天际，风景仿佛都随着风摆动。

到，“它们应该在画布上得到展现，应该沐浴在阳光里”。

莫奈从布丹身上体会到“在实景中描绘的一切事物往往带着一股力量和生动的触感，这在画室里是找不到的”。布丹曾说，“一幅画直击人心的不是某一个局部，而是整幅画的全部”，因为每一小撮新画上的颜料所记录下的分别是一个个视觉瞬间。布丹教会了莫奈油画的技巧，那就是，在户外直接对着绘画内容（即对象）作画。这样的建议为莫奈一生对绘画、光线和氛围的探索奠定了基础。

莫奈和布丹多年共同画画的经历在他身上留下了难以抹去的痕迹。后来莫奈回忆道：“这仿佛是一层面纱突然被撕开了；我顿悟了，领悟了绘画的根本。”

1862年，莫奈再次看到戎金的画作，那时候莫奈刚从阿尔及利亚的病中恢复过来。戎金的画作让莫奈坚信自己回归了正确的方向。戎金的画作受前几代画家浪漫海景画的影响，呈现出比较浓厚的荷兰式传统风格。莫奈观察到，戎金的画以活泼的笔触和即兴的抓取为特点，完美地捕捉到了海洋和海风的变幻莫测。他对戎金的艺术和他的独立思想印象深刻。

两位艺术家在1862年的夏天一起工作了几个月，后来，正如莫奈回忆时所说，“从那时起，他就成了我真正的导师，是他最后教育了我的眼睛”。

这一期间，莫奈在阿尔及利亚所体验的色彩和生活构成了对他画作的第三重影响，这段经历让他用全新的眼光来看待伟大的浪漫主义艺术家和北非风景画家欧仁·德拉克洛瓦的作品。莫奈对他“亲爱的德拉克洛瓦”的喜爱是无穷无尽的。德拉克洛瓦和莫奈一样，是一位崇尚精神独立的艺术家，从小幅的私人画作到大幅的公共作品，德拉克洛瓦作品颇丰，跨度很大。他创造了一种激进的绘画风格，在他的作品中，纯色的笔触并列在画布上，营造出一种生动活泼的表现力。他的日记是莫奈最爱的读物。虽然他的画作主题非常传统，但对于莫奈和他的朋友们来说，德拉克洛瓦

上图　在东方主题中，艺术家探索光线、色彩，以及法属殖民地的特色服饰。在《摩洛哥首领》（*Moroccan Caid*，1837）这幅作品中，德拉克洛瓦利用旗帜将强烈的色彩元素引入了构图中。

激进和鲜活的技巧是他们一生的灵感。

很快，莫奈就对绘画游刃有余，这似乎是因为他在模仿这三位画家。但这种说法是靠不住的，因为虽然莫奈在技巧上非常有天赋，但他很少满足于过于容易的事情。终其一生，莫奈在与好友的信中，不断重复着对自己能力的怀疑，怀疑自己是否能创作出完全满意的作品。尽管表面看起来很容易，但莫奈的作品是来之不易的。

欧仁·布丹（1824—1898）

布丹出生于翁弗勒尔（Honfleur），是一个海员的儿子。他经营一家文具装裱店，经常展出特鲁瓦永和米勒的作品。布丹在米勒的鼓励下开始绘画，成为户外作画的实践者。谦逊的布丹受到诗人、批评家夏尔·波德莱尔（Charles Baudelaire）的高度好评，赞扬他拥有唤醒“空气和水的奇妙魔力”。布丹参加过印象主义展览，但是直到晚年才得到官方的认可，他于1892年获得荣誉骑士勋章。

左上图　这一小幅漂亮的布丹铅笔素描可能是莫奈在他俩的一次绘画写生中创作的。

下图　布丹的《风暴来临时》（*Approaching Storm*）这幅画作描绘了天气骤变时一群衣着光鲜的人。风起云涌的天空占据了大部分构图，激烈的笔触和强烈的光影对比，表现出作品的感性与细致，同时又不失力量感。

莫奈的巴黎

“巴黎正在变得更干净，更明媚，但是诗意却振翅飞离这座城市。”

亨利·达波，1854 年

在 1859 年 5 月，年轻的莫奈回到巴黎，在他全家离开巴黎的几年里，这座城市已经完全变了。现在，它是一座“明亮的城市”，一座满是光的城市。拿破仑三世在奥斯曼男爵（Baron Haussmann）的协助下，建造了一座易于管理，且干净高效的城市。历经几个世纪风雨的曲折的大街和隐秘的广场已经被宽广的大道所取代，大道的两侧满是豪华大气的公寓楼群。全新的街道两旁，各种百货商店和咖啡馆并列而置。在这座城市里，商人的地位至高无上：这是一座商业化的城市，穷人和弱势群体被排挤到了边缘地带。

上图　先贤祠，法国最伟大的英雄纪念堂，仅仅是《卢浮宫河岸》（*Quai du Louvre*1866—1867）的部分构图。就像一张快照，画里所有的内容都具有同等价值，先贤祠宏伟的穹顶与近景中朴实无华的布告栏形成呼应之势。

上图　莫奈这幅漂亮的《圣日耳曼奥塞尔教堂》(*Church of Saint-Germain-l'Auxerrois*，1867）描画了教堂的景观，以及从卢浮宫的阳台上看到的周边附属建筑。他不想像过去的大师那样作画，而是想抓住现代生活的精髓。

对很多人来说，包括诗人夏尔·波德莱尔，现代巴黎是一座没有灵魂的城市。在他的批判性作品中，波德莱尔提出了一个问题：在物欲横流、理想缺失的年代，“现代画家在哪里”？莫奈决定自己应对这一挑战，回答这个问题。

1862 年，莫奈结束了兵役，目标明确地回到巴黎。他进入格莱尔画室，再一次融入巴黎的艺术生活。但他是个叛逆十足、经常缺课的学生。1863 年底，他和雷诺阿、巴齐耶和西斯莱三位好友离开了画室。他常常走出廉价的住所，来到咖啡馆里和他的朋友们讨论生命和艺术。很快，他们便一起离开

在巴黎咖啡馆的日子

下图　爱德华·马奈的这张巴黎咖啡馆素描，带着些许肯定和幽默的笔触。画的可能是盖尔布瓦（Guerbois）咖啡馆。画面捕捉到这类场所非正式的特点，同时默认这是属于男性的空间。

奥斯曼男爵对巴黎的重建刺激了城市咖啡文化的兴起。从 19 世纪 50 年代开始，休闲广场、酒吧和带露台的咖啡馆如雨后春笋般涌现在崭新、宽阔的大街两旁，在这座城市的社会生活中扮演着重要角色。1900 年，莫奈还深深地记着这些会面的场所，“没有任何事情比这些讨论更激动人心的了，我们的观点总是存在分歧……我们热情十足，坚持讨论好几个星期，直到我们的想法达成一致”。

上图　从卢浮宫眺望，莫奈将这座城市（它的建筑和公园）融入《杜伊勒里宫风景》（*View of the Tuileries*，1867）中，但他小心翼翼地避免把在 1870 至 1871 年巴黎公社时期焚毁的皇家建筑画进去。

巴黎去周边的乡下写生。

莫奈申请去卢浮宫临摹大师的作品，却只是为了背对这些藏品，从阳台上描绘他眼中的城市风光。他从这个取景点创作的画作有《卢浮宫河岸》(*Quai du Louvre*)和《圣日耳曼奥塞尔教堂》。两幅画没有过分的夸张和修饰，仅仅简单记录了凝固的一瞬间，速写中的人物呈半运动状态，仿佛是被相机抓拍一般，令人印象深刻。很难想象的是，莫奈想创造一种不依赖于过去艺术的现代艺术，这一欲望在他心中更加强烈。

但是，莫奈与他所说的“令人震惊的巴黎”之间的关系一直是模糊的。穿梭于咖啡馆、街道和画室的生活催生了他的艺术。但是，连接首都和他勒阿弗尔老家的河流和铁路却是他的生命线。无论他多么深刻地认识到巴黎作为艺术和文化中心的重要性，他最快乐的时刻仍然是远离巴黎喧嚣的时刻。他从诺曼底海边的埃特雷塔写信给弗雷德里克·巴齐耶说道：“无论一个人的内心多么强大，但在巴黎还是太容易受到所见所闻的影响。我要在这里完成的作品起码看起来不像别人的。至少，这是我的所思所想，因为这就是我个人感受的纯粹表达。”

19世纪60年代，莫奈在巴黎的日子过得很艰难。他邂逅了一位专业模特，卡米耶·东西厄，这是一位出身名门的年轻女子。他们相爱了，并不顾双方家庭的反对组建起家庭。他们的第一个孩子，让，出生于1867年8月。莫奈身无分文，不得不回家面对震怒的父亲。他的父亲在得知这一消息之后，减少了对他的经济资助。他还惹恼了他的姑母勒卡代。她很早就开始鼓励莫奈的艺术创作。有一段时间，他不得不使卡米耶和让分开生活。母子俩留在巴黎，一直靠热心、体面且有钱的巴齐耶照顾，并且他还与莫奈分享他的大画室。1868年，靠着售卖卡米耶画像所挣的钱，再加上一位本地商人为妻子戈迪贝尔夫人画像所付的佣金，莫奈才有财力让妻儿搬到埃特雷塔与他的家人一起生活。

尽管他在巴黎的生活困难重重，他本人也对巴黎的生活持保留态度，但在接下来的12年中，莫奈创作出了这座城市最值得纪念、最具标志性的画作。这些作品是现代城市生活画的里程碑，成为后辈艺术家的标杆。

夏尔·波德莱尔(1821—1867)

波德莱尔是莫奈最喜爱的诗人，也是一位具有代表性的现代作家。他一生坎坷。早年去往东方的航海经历在他的脑海中留下了不可磨灭的印记，他在巴黎的生活经历亦是如此。过了几年奢靡的日子之后，他的余生皆是艰辛。他的诗集《恶之花》(*Les Fleurs du Mal*)于1857年出版，他因此被起诉，罪名是不道德。他同时也是一位杰出的艺术文学批评大师，去世时却身无分文。

巴黎沙龙上的成功

“巴黎沙龙是对崇高和美好感觉的压抑和腐蚀。艺术家在利益和欲望的驱使下，纷纷去沙龙里展出自己的作品，不惜以任何代价为自己赢得关注……”

安格尔

上图　这是一幅靠近勒阿弗尔的海滩画，由莫奈的露天习作发展而来。勒阿弗尔是莫奈成长的地方。《退潮后的勒阿弗海角》（*La Pointe de la Hève at Low Tide*）参加了 1865 年的巴黎沙龙。莫奈和马奈名字上的相似让他们彼此相识。

在19 世纪中期，每一个混迹在巴黎的雄心勃勃的艺术家——60 年代巴黎及周边约有 4000 名全职艺术家——都有一个共同的目标：巴黎沙龙。莫奈也不例外。1862 年回到巴黎之后，他就迫不及待地开始思考并计划向巴黎沙龙发起攻势。

不仅仅是艺术年展，巴黎沙龙还是巴黎社交、文化和政治生活的重要场所。成千上万的人来到卢浮宫或香榭丽舍大街（Champs Elysées）上的工业宫[①]，质疑、批评、赞扬或戏谑悬挂在墙壁上的几

① 工业宫，全称“工业与美术宫”（Palais de l'Industrie et des Beaux-arts），为 1855 年世博会所建，由建筑师让-玛丽-维克多·维耶尔和工程师阿列克斯·巴罗设计。1896 年，为修建 1899 年世博会展览场地大皇宫（Grand Palais）和小皇宫（Petit Palais），工业宫被拆除。——译者注

爱德华·马奈（1832—1883）

马奈出生于巴黎的富人家庭，接受的是学院派艺术教育，但是不久他便开始挑战描绘当代生活。他是当时最重要的先锋派画家，作品影响了莫奈和其他印象主义画家。马奈以其讽刺、冷酷、文雅而复杂的性格，成为当时年轻画家的偶像。尽管马奈从未和印象主义画家们一起展览，但从19世纪70年代以来，印象主义的绘画风格也对他产生了影响。当时——和今天一样——莫奈和马奈两人的名字经常被弄混，一度导致两位艺术家关系冷淡。

上图　这幅自画像深受委拉斯开兹（Velazquez）绘画风格的影响，是直接照着镜子画的（马奈和大多数艺术家一样用右手绘画）。这幅画表现的是他受到莫奈的光线和色调影响之前的绘画技巧。

千幅作品。此时正是大众媒体开始发展的时期，期刊和报纸大量发行，大多都会刊登对巴黎沙龙的评论。为这些报纸撰文的批评家们拥有赞美或贬损作品的权力。他们的文章读者甚众，这份职业吸引了那个时代最伟大的作家们，如戈蒂埃、波德莱尔和左拉。他们分属不同的政治阵营，每个人都明确为自己的受众写作，并经常利用这个机会发表他们的个人观点。

居斯塔夫·库尔贝和爱德华·马奈这样的艺术家经常提交一些具有争议性的作品，以此挑战巴黎沙龙的权威。他们总是遭到巴黎沙龙拒绝，因此感到沮丧。最终，他们都举办了自己的临时展览，库尔贝分别在1855年和1867年举办了两次，马奈在1867年举办了一次。绕过巴黎沙龙，他们可以直接面对自己的受众。

1863年，这一届的评审委员会特别严格，拿破仑三世甚至亲自要求举办一次被拒者沙龙（Salon des Refusés）。出人意料的是，马奈在这里展出了《草地上的午餐》（*Déjeuner sur l'herbe*），后来改名为《浴》（*Le Bain*），如今这幅作品备受欢迎。由此，在接下来的几年里，巴黎沙龙变得更加民主，莫奈未来的伙伴们，卡米耶·毕沙罗、布丹、雷诺阿和贝尔特·莫里索（Berthe Morisot），都在巴黎沙龙上展出了自己的作品。

1865年，克洛德·莫奈在巴黎沙龙上崭露头角。那年，巴黎沙龙接受了他的两幅海景画，《退潮后的勒阿弗海角》和《翁弗勒尔的塞纳河口》（*The Seine Estuary at Honfleur*）。这两幅画都是库尔贝的现实

上图　这幅画也在 1865 年的巴黎沙龙上展出，广受好评。这幅气势恢宏的《翁弗勒尔的塞纳河口》，笔触破碎，气氛强烈，表明莫奈确实得到了布丹和戎金的真传。

主义传统风格，但又明显带有马奈的色彩。莫奈获得了一些关注，现实主义批评家托雷–伯格（Thoré-Bürger）写道，他“天生是一个画家”。在他的海景画被挂到沙龙的墙上之前，莫奈就开始准备对 1866 年的沙龙发起进攻。为了准备 1866 和 1867 年的巴黎沙龙，莫奈专注于大尺寸的风景人物图。他决定为 1866 年的沙龙做一幅巨大的作品：他个人版的马奈的《草地上的午餐》。但是，他没能按时完成。在绝望中，他在四天之内匆匆忙忙为自己的伴侣卡米耶完成了一幅全尺寸肖像画，十分惊人，即《穿绿裙的女人》（*The Woman in a Green Dress*）。他把这幅作品和另外一幅标准尺寸的风景画《夏伊森林之路》（*The Road to Chailly*）一同寄给了沙龙。两幅画都被接收了，不过，是《穿绿裙的女人》为他赢得了第一次真正意义上的成功。许多批评家，包括埃米尔·左拉，都对卡米耶的肖像赞不绝口。“啊，是的！”左拉写道，“一个有个性的人，至少，在那群太监中有一个真正的男人。”莫奈由此脱颖而出，他是最重要的“自然主义者”，以及“整个理想主义和现实主义新生代”的先驱之一。

莫奈一直都没能完成他的《午餐》(*Déjeuner*)，然而，在夏天的几个月里，他都在潜心创作一幅现在非常著名的画作《花园里的女人》(*Women in the Garden*)，此画于 1867 年完成，也提交给了巴黎沙龙，但是被评委否决了。

尽管莫奈仍然认为沙龙是艺术家获得财务自由的最佳途径，并且专门为了沙龙展在画室里进行创作，但是，他一生中，也只获得了两次在沙龙里展览的机会。十年过去了，他和他的大多数朋友都意识到，获得沙龙评审委员会的肯定是越发困难了，他们知道，需要另辟蹊径来展示并售卖自己的作品。

下图　朱塞佩·伽斯底里奥内(Giuseppe Castiglione)于 1865 年所绘的《方厅》(*Salon Carré*)，展现了文艺复兴时期的画作，包括委罗内塞(Veronese)的《加纳的婚礼》(*Marriage Feast of Cana*)。许多艺术家，甚至印象主义大师们，都认为这是最伟大的绘画之一。

巴黎沙龙

巴黎沙龙是法兰西艺术院的官方艺术展。艺术院于 1673 年成立，是法国官方批准的艺术赞助机构。正因如此，巴黎沙龙比较反对创新或独立的作品。它的美学品味随着政府的更迭而改变，但是每个人都将沙龙看成反映其自身价值观的视觉盛宴，这也是每届政府的希望。沙龙接收的作品被密集地陈列在展厅的每一寸空间里。随着 19 世纪渐渐过去，其他场所开始对艺术家们开放，沙龙也失去了原有的辉煌。

下图　主人公是莫奈的情人卡米耶，后来成为他的妻子。批评家托雷–伯格认为，这幅画是在短短几天内完成的。这幅画让人联想到库尔贝早期的作品。《穿绿裙的女人》在 1866 年的巴黎沙龙上取得了巨大成功。

复乐园：风景画里的人物

“所有画家的梦想：将日常生活中的人物置于风景画之中。”

埃米尔·左拉

莫奈在波德莱尔等批评家的文章影响下，再加上库尔贝和马奈作品的熏陶，开始通过户外作画挑战他们的成就。这些大幅而野心勃勃的作品表现了现代生活的各个方面。

1865年4月，在卡米耶和朋友弗雷德里克·巴齐耶的陪伴下，莫奈离开巴黎，来到枫丹白露森林里的夏伊村。前一年，多比尼在巴黎沙龙展出了

上图　爱德华·马奈的《草地上的午餐》是19世纪60年代先锋派画作的试金石。作品以当代视角，描绘了十分古老，且当时已经过时的主体：风景中的裸体人物。后来，印象派画家更加激进地表现了这一主题。

埃米尔·左拉（1840—1902）

左拉是作家、批评家和自然主义文学流派创始人。他将自然主义定义为“带着感情看到的自然”。他是塞尚儿时的好友，一开始就非常支持马奈和印象派画家，但后来却不再支持他们。在1886年出版的小说《作品》（*L'Oeuvre*）中，左拉表达了对印象派的失望之情。这部小说是左拉一套系列小说中的一本，另外还包括《小酒馆》（*L'Assommoir*,1877）和《娜娜》（*Nana*，1880）等。1898年，他极力支持被诬陷犯有叛国罪的犹太军官阿尔弗雷德·德雷福斯（Alfred Dreyfus），这一事件最终导致法国社会的分裂。

一幅巨大的风景画，这幅画完全在户外完成。莫奈受此启发，让卡米耶和他的朋友们做模特，开始画《草地上的午餐》。这幅画带有库尔贝19世纪50年代的打猎画和华图·范洛及卡尔·范洛等18世纪画家的乡村节日画的风格。

最终这幅画只有一部分存留下来，但从草稿和颜料研究中可以看出，莫奈对主体的构思与马奈的《草地上的午餐》非常不同。马奈的画带有一种不安的氛围，而莫奈的这幅画的氛围则十分轻松，朋友们随意坐在一起，互相陪伴，置身于森林斑驳的光线之下，享受惬意的野餐，穿着制服的仆人在一旁服务。和莫奈平常的画一样，这幅画几乎没有展现他当时正经历的抑郁和焦虑。

他从小幅素描开始，最后形成了一幅4.5米×6米的巨幅油画《在户外》（*en plein air*），置于他和巴齐耶在巴黎共有的画室里。莫奈没能解决在这么巨大的尺寸上作画带来的问题，也无法保持户外素描的直观感，于是在深秋时节便放弃了这幅没有画完的画。

莫奈并没有因此气馁。1866年夏天，他在距离巴黎不远的阿夫赖城（Ville d'Avray）的家中开始另一幅大型作品。这幅作品名为《花园里的女人》（*Women in the Garden*），高度超过了2.5米。画的主题十分常见，但莫奈没有让观赏者围绕他选好的主题编织起一张紧密舒适的网，而是故意与学院派的传统画法背道而驰。画的构图就像一个穿着古怪的时尚达人，其主要目的似乎就是显示莫奈的才能和野心。

莫奈决心直接在大自然中作画，而不是像他画《午餐》一样，用一系列的素描拼出一幅完整的画。为此，他在花园里挖了一条沟，这样他就可以毫无阻碍地观察他的模特（卡米耶一人充当画中四个妇女），也能够到画布最上端——莫奈个子并不高。库尔贝来拜访莫奈，被这位年轻画家投身于户外绘画

上图　莫奈对于《草地上的午餐》这幅巨作最初的想法可以从他令人着迷的习作中体现出来。人物慵懒地围在十分丰盛的野餐周围，影子里的侍者正在提供更多的饮料。刻在树上的名字首字母和一箭穿心图体现了主题的浪漫。

技巧的热情所逗乐。

画中粗犷的手法加上大大小小的色彩斑块，与人在自然中直观的视觉体验十分一致，这就是通过光看到的世界。不止如此，画还表现了艺术家在活生生的模特面前的含蓄。在这幅画中——和莫奈的其他作品一样——他的情人卡米耶斜着身子，向远处望去，没有看着画家。这幅画被巴黎沙龙的评委拒绝，而莫奈直到晚年画《睡莲》(*Water Lily*)之前，再也没画过这么大幅的作品。

《花园里的女人》最终被巴齐耶以2500法郎的价格买下来，这个价格十分慷慨。后来，画到了马奈手中，然后又通过交换回到了莫奈这里。虽然没有入选巴黎沙龙，但莫奈的朋友埃米尔·左拉却十分欣赏这幅画，他写道，莫奈“热爱我们的女性，热爱她们的阳伞、手套、丝带、假发和扑面粉，他爱所有让女性成为我们的文明之女的一切事物”。

通过《花园里的女人》，莫奈描绘了一个无法企及的天堂，这是一个完全用实物想象出来的天堂。他的余生都想在艺术和现实中实现这一想法。

弗雷德里克·巴齐耶(1841—1870)

巴齐耶这幅画里长腿的形象在莫奈及其朋友的许多作品中都能一眼辨认出来，尤其是在《草地上的午餐》的残稿中，十分明显。巴齐耶出生于法国南部城市蒙彼利耶的一个富裕家庭，他与莫奈和雷诺阿的友谊，以及对他们的资金支持至关重要。他的作品经常在巴黎沙龙展出，但他是呼吁建立艺术家作品独立展览体系的主要人物。巴齐耶天赋过人、满怀壮志，却在普法战争的最后几天去世。他的死是印象主义的巨大损失。在他的《拉孔达敏街的艺术家画室》(*The Artist's Studio in the rue de la Condamine*)中，他的形象是由马奈在他死后画上的。

上图　雷诺阿画的他的朋友巴齐耶。这幅1867年完成的《苍鹭静物画》(*Still-life with Heron*)展现了巴齐耶勤奋工作的场景。目前，这幅画由巴齐耶的故乡蒙彼利耶(Montpellier)的法布尔博物馆(Musée Fabre)收藏。巴齐耶23岁就英年早逝。

在户外作画

“和往常一样，我一直在工作。我相信今年我要做一些严肃的事情。”

莫奈致巴齐耶，1868 年 12 月

莫奈在他最早的作品里就表现出了对季节变化的敏感。到 19 世纪 60 年代末，这种敏感性已经到了非常深的程度。在《喜鹊》（*The Magpie*，1869）中，一片皑皑白雪里，一只孤单的喜鹊栖息在一扇简陋的门上；同时，在《本内古尔的塞纳河》（*Seine at Bennecourt*，1868）中，炎炎夏日里，一位年轻的妇人坐在枝繁叶茂的大树底下，对着河流望眼欲穿。后来，莫奈再也没有如此直接明了地作画。

这两幅画都带着一种在户外作画的新鲜感。但是，仔细审视后我们发现，虽然这些作品是莫奈对所见事物一种非常直接的反映，但仍不同程度地带

上图　被巴黎沙龙拒绝的《喜鹊》是对美好冬日的回忆，也是莫奈所有画作中最受欢迎的一幅。

上图 《本内古尔的塞纳河》，户外作画，改动也极少。画中对倒影的处理是大师级的，莫奈对塞纳河边孤独的年轻女孩的描绘相当纯粹。

对页左上图 库尔贝的《猎人们的野餐》（*The Huntsman's Picnic*，1859），尽管绘于工作室内，但在构图上与作于户外非常相似。

对页右下图 莫奈对杜伊勒里花园的研究，揭示了这类绘画的整体特点：不体现细节，只强调情境和体验的即时性。

露天作画

露天作画——直接在大自然里用油彩速写——是一项为人熟知的作画技巧。18 世纪的鉴赏家们对这些作品的清新度和即时性大加赞赏。便携式锡管装混合颜料的出现，让 19 世纪的艺术家们露天作画更加容易。许多同时代的人认为，运用这种露天作画技巧来完成大尺寸的作品，像速写一样直接而草率，是傲慢的表现，或者更难听一点，是懒惰的表现。这样的草图应该是过程，而非成果。

有在画室里修饰的痕迹。《本内古尔的塞纳河》有很明显的绘画过度的痕迹——在某个阶段，莫奈决定用几笔粗描画出他的儿子伏在母亲腿上的情景——也许是为了让它更加好卖。《喜鹊》同样也不是看上去的样子，莫奈偶然，或者故意颠倒了鸟的影子。这表明，画是在户外面对主体直接画出来的，然后在后期进行了修改。

这两幅画都给人一种平静地接受一切的感觉。这里并没有需要动脑子思考的问题，只有视觉上的愉悦。它们都不是正式的形象，缺乏核心的叙事，但是，那巧妙的构图却足以传达一种即时捕捉到的纯粹的喜悦。正如塞尚那句名言：“莫奈只是一只眼睛，但上帝啊，这是只怎样的眼睛啊！”

1868 年春天，莫奈和他的家人居住在本内古尔的旅馆里，这是一个临河的小村庄，左拉和塞尚一年前曾经来过。在这段时期，莫奈的个人生活和财务状况都非常糟糕。1868 年 6 月 20 日，在写给巴齐耶的信中，莫奈告诉他：“自己如何被居住的旅馆赶出去，就像一只赤裸的松鸦。我又找了一个能让卡米耶和可怜的小宝贝让暂居几天的地方……我昨天干了件蠢事，这让我很沮丧，我跳进了水里，但幸运的是我毫发无伤。”

这封信表明，莫奈在他的一生中，一直利用朋友感情，让他们同情他——尤其是这段时间——从

素写

传统上，一幅重要的画成形之前，需经过一系列精心设定的步骤：速写（pochade）指用油彩在构图中画出最初的草图，下笔重而快，有时在户外完成。草图也可以经过修整，变成接近成画的草稿。习作（étude）是指对的构图在细节上做最后的精雕细琢。在学院派的绘画中，通常以 § 为标志，意味着完成。完全成形的作品通常表面光滑如瓷，掩盖了艺术家所有明显的痕迹。

上图　在《布吉瓦尔塞纳河上的浮冰》(*Ice Floes on the Seine at Bougival*，1868)中，冰冷的色调和大气的笔触完美地表现了这一情景的冰冷寂静。人的出现和大面积光影交错区的存在，更加强调了场景的荒凉。

而可以获得财务支持。尽管他在情感上非常焦虑，但他依然坚持在户外描绘风景画。从他的信和他的画中，我们可以看到莫奈对风景以及对季节变化的敏感。他写信给巴齐耶，告诉他诺曼底的乡下风光是多么美丽，并且冬天的景色比夏天更让他感到舒适：“……和往常一样，我一直在工作。我相信今年我要做一些严肃的事情。”

能体现他这份决心的成果之一就是《喜鹊》，现在成了莫奈最受欢迎的作品之一，圣诞庆贺卡片上经常会印有这幅画。这幅画作于1869年1月或2月，然后送到了巴黎春季沙龙参展，但它被拒绝了。也许是因为画看起来并没有画完，也许是因为尺寸相对太大。对于评审团来说，这幅大尺寸的画作，既不像一幅素描，也不像一幅完整、详细而有趣的油画。莫奈陷入了绝望。

下图　这是一幅欢乐的漫画，体现了一个普遍的观念，即无论专业画家，还是业余画家，其笔下的风景画都是不严肃的。这幅画也暗示，隐藏在人迹罕至的如画风景背后的是想象出的现实。

在蛙塘浴场作画

“我有一个梦想，画一幅蛙塘（La Grenouillère）浴场的画。我已经画了些不太好的素描。但这只是个梦想。勒努瓦刚在这里待了两个月，也想画一幅这样的画。”

莫奈致巴齐耶，1869 年 9 月 25 日

从 19 世纪 60 年代到 70 年代早期，莫奈辗转于多个出租屋之间，总是处在缺钱的状态。和许多艺术家一样，他必须在寻求出名和画出能卖钱的画之间达到平衡。60 年代末期，莫奈住在巴黎城外布吉瓦尔附近的一座名叫圣米歇尔的小村子里。在这里，他继续对他热爱的库尔贝和马奈富有争议的作品中表现的主题和风格进行发展创新。

在大部分时间里，莫奈都在皮埃尔-奥古斯

特·雷诺阿的陪伴下工作，两人有着共同的目标，即用当代视角描绘传统主题：沐浴的人。他们没有将理想化的裸体置于理想化的环境之中，而是寻找一个可以通过完全现代的方式，将风景、游泳者和城市融合在一起的环境。他们在塞纳河边，靠近莫奈居住的地方，选了一个不怎么可靠却时髦的浴场——蛙塘（音译为“拉格勒努伊埃尔”），当地人也把它叫做“塞纳河畔特鲁维尔[1]”。浴场在巴黎人

上图　这幅画可以作为莫泊桑任何一部短篇小说的完美插图。雷诺阿这幅《蛙塘》（*La Grenouillère*，1869）以其迷人的形式呈现了一条狗平躺在阳光下，而年轻的巴黎人在狂欢的场景。`

对页图　莫奈不连贯的风格与雷诺阿羽毛般细腻的笔触不一样。复杂的水面涟漪用最简单的交替色带的方式呈现出来。

① 特鲁维尔为法国北部的海滨城市，当地居民借用这个名字来称呼临河而不临海的浴场。——译者注

当中很有名，拿破仑三世和他的亲信不久前还专程到访，更增添了浴场的魅力。人们可以在浮船餐厅里吃饭，在一个圆形小岛（叫做“卡芒贝尔”①，也叫“花盆”）上社交，还可以租船或者下水游泳。莫奈和雷诺阿特意选择了一个完全现代的主题，这样就能通过真正现代的方式来描绘，希望借此在1870年的巴黎沙龙产生反响，一举成名。

1869年8月到9月，他们一起在户外作画，两人都利用缩略法，画了许多小幅素描，尽可能简明地捕捉光线对他们眼前景色造成的效果。这些素描是后面将要完成的大型油画的基础，他们可以在画室里完成。

两位艺术家都成功捕捉到了非正式的社交互动的情绪，这种场景在当时的小说中十分常见。但他们的作品中没有戏剧性的感觉，当然也没有像莫泊桑②和左拉的作品中让人有性和暴力的暗流涌动的感觉。莫奈和雷诺阿画中谨慎的人物形象很难与莫泊桑小说《伊韦特》（*Yvette*）中所描绘的那些场景吻合。《伊韦特》中有一段生动的描述：“一群男男女女在餐桌上吃喝，或站在一旁叫喊、唱歌，并随着跳动而尖细的旧钢琴声音欢呼雀跃。一些红嘴唇

现实主义小说

库尔贝、马奈和印象派画家的现实主义也在这一时期法国作家的小说中得到体现，包括居斯塔夫·福楼拜、埃米尔·左拉、莫泊桑、J. K. 于斯曼和龚古尔兄弟。他们不断地探索如何准确而真诚地表现自己所处时代的风俗和道德。正如现代画家拒绝浪漫主义一样，这一时期的作家也拒绝从浪漫的角度来看待世界，并试图用更“客观”和“科学”的方法揭示日常生活的现实。

上图　左拉小说《萌芽》（*Germinal*）的广告，作者认为《萌芽》是他最伟大的作品之一。小说以法国北部煤矿工人罢工为主题，这是当时作家常见的现实主义选题。

① 卡芒贝尔（Camembert）是一种法国著名的圆形奶酪，以法国下诺曼底奥恩省维姆蒂埃附近的卡芒贝尔村命名。小岛因其形状像卡芒贝尔奶酪而得名。——译者注

② 居伊·德·莫泊桑，法国作家，作品以短篇小说为主，被誉为“短篇小说之王”。莫泊桑师从福楼拜，为现实主义代表人物，其语言清新流畅、朴素自然，优美而不纤柔、精准洗练而不缺乏幽默机智。莫泊桑的作品以诺曼底地区为背景，表达了对统治者的憎恨、对弱者的同情和对下层社会人民身上淳朴善良品格的赞美。代表作包括《项链》《羊脂球》《我的叔叔于勒》《俊友》《一生》等。——译者注

红头发的坏女孩四处走动，展露她们的乳沟和光溜溜的背，向每个人抛媚眼……”

虽然两位艺术家一起作画，卡米耶·毕沙罗也偶尔和他们一起，但他们的作品非常不同。莫奈喜欢用平头刷，用画笔在画布上刷上厚厚的、像奶油一样不透明的颜料，笔刷的痕迹有力、清晰。雷诺阿用的是更薄的颜料，用柔和的笔触带来流畅的表面，用一种让人深感愉悦的方式塑造其绘画形式，保留绘画对象的特质。莫奈的笔触却不同，他记录的不是眼前的绘画对象，而是他视野里不同颜色的变化。

莫奈没有把草图当作已经完成的作品，而只是达到目的的一种手段，是最终完成油画的一个重要过程。只有在这些作品完成以后，我们才能聪明地从这些概括性习作中，看到许多大胆尝试的端倪。莫奈将在未来十年内继续这些尝试，而这些尝试本身也为他未来的艺术提供了动力。

莫奈没有按时完成《蛙塘》(*La Grenouillère*)提交给巴黎沙龙。他气呼呼地写信给巴齐耶说：“我一如既往地因为缺钱而不得不停止作画。你真幸福，能收回这么多画布！我今年什么也没干成。这让我对每个人都感到愤怒。我嫉妒、刻薄、愤怒。只要我能工作，一切就会变好的。”

这幅画现在已经不见了，也许已经遗失了，或许毁于第二次世界大战。

皮埃尔-奥古斯特·雷诺阿（1841—1919）

在瓷器工厂当学徒时，雷诺阿就已认识到浅而清新的色彩的价值，这让他与印象派的浅色调心有灵犀。他在卢浮宫学习多年，在这期间，对老一代大师的作品产生了强烈的敬意。他的《蛙塘》系列作品和印象派时期的作品最后的加工像草图一样，对此，他失去了信心，并且越来越希望将现代绘画与老派大师的艺术风格相协调。某种程度上，与印象派有关的大多数艺术家都怀有这种焦虑。

上图　朋友们就是十分方便的模特，就像弗雷德里克·巴齐耶这幅雷诺阿的肖像。雷诺阿的放松神态体现了印象派的主题风格。

上图　这些描绘蛙塘的作品被雷诺阿和莫奈视为草图。也许正是这些画促成了画家以尤其轻快而简洁的笔触，用于描绘塞纳河上无忧无虑的场景。

对页图　莫奈在吉维尼家中设计和种植睡莲在很大程度上是因为对日本艺术的迷恋。莫奈画了一系列描绘池塘上日式桥梁的作品，这又给了他学习光线对水和植物的影响的机会。

“从今天起，绘画已死”

“一个新的时代、新的技巧，就这么简单。”

表现形式的危机是19世纪中叶的特点，人们认为他们生活在一个与以往截然不同的时代，他们在努力寻找能有效表达这种新观点的手段。的确，世界发生了变化，铁路旅行、城市化，以及巴黎的日常生活本身，都彻底改变了人们对世界的体验和理解。不仅如此，新近出现和带有异域风情的表现形式已成为人们理解世界的一部分。木版画、摄影和日本版画等，都对表现世界的传统视觉方式

葛饰北斋（1760—1849）

北斋出生于江户（现为东京），是一个镜子制造商的儿子。他的作品以惊人的原创性描绘了日本多面式的生活。他的第一本插画书于1780年面世，其高产的作品涵盖了版画流派浮世绘（“漂浮世界的照片”，即“日常生活”）的各个方面。北斋的作品创意无限，充满了优雅和幽默。他主要是一位风景画家，设计出来的画经过大批工人之手，改造成木版画。这些画在日本城镇的市场上以非常便宜的价格出售。

上图　这是许多工匠合作而成的作品，这些北斋版画在日本市场的摊位上卖得很便宜。请注意右下角的日本桥。

对页左上图　日本版画——就像这幅莫奈收藏的北斋的《黑发山雾降瀑布》（*Kirifuri Waterfall at Mount Kurokami*，1832）——对莫奈产生了深刻的影响。从中可以看出，莫奈完全吸收了日本版画的特点，并将其应用到自己的绘画中。

对页右下图　摄影师纳达尔以古怪出名，同时也是一位著名的漫画家。这里展示的是纳达尔成为另一位漫画家阿尔弗雷德·格雷万的讽刺对象。这幅版画出现在1861年的《有趣日报》（*Le Journal Amusant*）。

带来了挑战。

英法两国同时发明了摄影术，摄影不久便成为一个主要产业。描绘世界和自己曾一度耗资不菲，但现在很快就变得让所有人都能负担得起，而绘画作为一种表现形式，也失去了其最受崇敬的地位。波德莱尔是谴责摄影是有害的人之一。正如他所看到的，摄影代表了一种迹象，它表明想象力已死，物质主义已经开始侵蚀艺术领域。然而，对于一些艺术家来说，摄影的有效性让绘画不再拘泥于模仿。他们学会了将摄影作为一种手段，让他们的作品更加有力，同时也将他们的工作与“纯粹”而平庸的摄影区分开来：让艺术做到摄影所做不到的。莫奈和其他19世纪60年代画家作品中体现出的写实性和不偏不倚的视角，揭示了绘画与这种处在困境中的媒介形式之间有着密切的联系，同时还揭示了画家在不断利用黑白摄影所缺乏的东西：光线本身的生动色彩。

日本版画则是另一种表现世界的手段，充满异国情调而独树一帜。这些在江户（即现在的东京）市场上卖得并不多的图片，最初是作为更有价值的东方商品的包装，穿过贸易线路来到欧洲。到了19世纪50年代，这些画本身受到重视，成为前卫艺术的试金石。左拉写道，他们正是“将我们从黑暗传统中拯救出来，向我们展示自然之美”所需要的东西。

莫奈对日本版画已经很熟悉了。在1867年巴黎世博会上，他就看到过日本艺术展，并对此十分欣赏。他的朋友扎沙里·阿斯特吕克发表了一篇名为《我们这里的日本》（*Le Japon chez nous*）的文章，并将莫奈称为“葛饰北斋的忠实模仿者”。在《日本印象》（*La Japonaise*，1875—1876）这样的作品中，我们可以看到莫奈从研究日本版画中所学到的经验，正以一种相对未经修饰的形式出现，而且，这种影响在他的风景画中更加微妙。当然，多年以后，他

莫奈声称他 16 岁时就开始在勒阿弗尔收集日本版画，这是法日贸易的重要港口。“我在勒阿弗尔看到过，”莫奈回忆道，“在一家曾经卖快船带回来的新奇玩意儿的商店里。”莫奈对这些版画长期而深入的研究对他所有的成熟作品都产生了深刻的影响。在莫奈家中，有 221 件版画留存至今，其中大部分都是 1883 年他搬到吉维尼之后才获得的。

在修建吉维尼的花园时，这一影响也非常明显，花园中的日本桥成为许多作品的主题。

这种对版画的热情不只莫奈才有。马奈、惠斯勒、德加、玛丽·卡萨特、高更，以及后来的洛特雷克和勃纳尔等艺术家都对日本大胆、不对称的构图，以及由演员、交际花和异国风景构成的时尚主题，和对平坦色块简单而极其微妙的用法兴奋不已。整个 19 世纪，寻找新手段来表现现代敏感性和现代世界的艺术家，纷纷对这些新颖而富有创造性的画投入巨大的热情，这些画重新肯定了艺术家自己的实验。每个艺术家对这种现象的反应截然不同：有些人简单地用版画的异国情调来创造，而其他人则更加彻底地将他们从中学到的经验融入他们自己的作品中。

纳达尔（加斯帕尔–费利克斯·图尔纳雄）

纳达尔是一位热心的共和党人，并热衷于一切有关艺术的事情。他是记者、狂热的热气球驾驶员、漫画家和小说家，并成为他那个时期的主要肖像摄影师。他的肖像照片具有很强的表现力，他看巴黎的视角，包括许多空中视角（在热气球飞行中完成），在视觉上影响了印象派对这个伟大城市的感知。1874 年，他把自己坐落于时尚的嘉布遣大道（Boulevard des Capucines）的摄影工作室提供给莫奈和莫奈的朋友，举办了第一次印象派画展。

左图 《日本印象》专为巴黎艺术市场所作，画中的人物显然不是日本女性，事实上，这是莫奈的妻子卡米耶戴着金色假发。她身处一个奇妙的俗套构图之中，里面装满了日式物品。

流亡与归来

“在这样的作品中，我们似乎看到了法式绘画里那种疯狂的无政府主义精神，如同法国政治一般。”

《时代周刊》（*The Times*）上保罗·迪朗–吕埃尔在邦德街画廊一次展览中的评价，1870年4月27日

对莫奈而言，19世纪70年代初是个多事之秋。这不仅体现在个人生活上，也体现在职业生涯中。1870年6月28日，他和情人卡米耶在巴黎举行了世俗婚礼。随后，莫奈夫妇带着他们的儿子让去了诺曼底海边的特鲁维尔。他们在那里过完了整个夏天。莫奈在海滩边和小城里作画，画了很多小幅而随性的作品，其中包括《特鲁维尔沙滩》（*On the Beach at Trouville*）和《黑石酒店》（*The Hotel des Roches Noires*）。莫奈在极为有限的条件下，用自己超凡的笔法捕捉到了海边光线的明媚和海风的激情。

7月，这种欣欣向荣、田园牧歌般的生活被突如其来的普法战争打断。莫奈害怕被召入伍，9月便逃往英格兰，将卡米耶和让留给家人和布丹照顾。在伦敦，莫奈遇到了卡米耶·毕沙罗、阿尔弗雷德·西斯莱（他俩都把家人带到了英国）和夏尔–弗朗索瓦·多比尼，他们全是来避难的。

留在这座大都市让莫奈获益良多。他和毕沙罗逛了许多画廊，在其中一家发现了英国画家康斯太布尔和透纳的一些作品，还有很多让人印象深刻的风景画习作，它们以泰晤士河、议会大厦和海德公园为题材。其中《泰晤士河和议会大厦》（*The Thames and the Houses of Parliament*）现被收藏于伦敦的国家美术馆中。显然，这个题材确实非常吸引莫奈，他在之后的日子里又重回这一题材。

在多比尼的引荐下，莫奈结识了一位名叫保罗·迪朗–吕埃尔的法国艺术经纪人。在之后几年

巴黎公社

1871年的巴黎公社运动是世界史上的一件大事。1870年末，普鲁士军队打败了法国，但是巴黎拒绝接受谈判投降，随后被普鲁士军队围困。经过几个月的食物短缺和狂轰滥炸，1871年3月18日，巴黎公社宣布成立。1871年5月28日，巴黎公社失败。人民革命事业被敌人摧毁，市民承受了巨大损失，市容遭到损坏。巴黎迎来了五年的军管戒严期。

上图　在拆毁旺多姆圆柱前，巴黎公社委员们站在柱基边。

里，他成了莫奈事业的主要资助人。迪朗-吕埃尔很快就展现了自己的价值：他在新邦德街画廊（New Bond Street gallery）的一个展览中，引进了莫奈、西斯莱和毕沙罗的作品。这肯定缓解了莫奈和毕沙罗当时的窘境，因为年初，他们俩都被皇家艺术研究院拒绝。

1871 年 1 月，普法战争结束；5 月，莫奈离开伦敦。回家途中，他在荷兰停留了 5 个月，包括在阿姆斯特丹附近的赞丹度过了几个星期。在乡下作画，使他精力充沛。通过调整大地、水和光三者间的关系，莫奈创作出许多精美的风景画。他还画了许多赞丹及其滨海和海港的习作。在离开法国一年多以后，莫奈回到了饱经战争创伤的巴黎。经过普鲁士军队的围困，加上想法不太成熟的巴黎公社的洗礼，这座城市的市民饱受死亡和饥饿的威胁。对于莫奈来说，在这座悲伤城市里的日子甚至更加难熬，因为他的好朋友兼资助人弗雷德里克·巴齐耶在战争的最后几周被杀。

莫奈不顾一切地想重新开始他的职业生涯。他和朋友们决定创作一些作品，表现巴黎出现的乐观、和解以及重生的新精神。整个 70 年代，莫奈都没有作品提交给巴黎沙龙。他又同老朋友们会面，比如库尔贝——他的作品看起来老派过时，还有马奈——他的作品则显得非常时髦。在巴黎的画室和

对页图　在《黑石酒店》（1870）中，寥寥数笔画就了远方的旗帜——大约是星条旗。莫奈用光秃的画布成功地营造出一种明亮的动感、氛围和光线感。

下图　多比尼和康斯太布尔的泥土色调是这幅 1870 年海德公园图的基调。西沉的太阳穿过构图中央的一棵树，给予画面一种现实的尴尬感，这就是被捕捉到的一瞬间。

上图　天空、古朴的海滨建筑与河水，这三大景观都以大胆而快速的笔法处理，而一片对比强烈的蓝色却和赞丹画中其他微妙的颜色形成了鲜明的对比。

下图　雷诺阿描绘的老年迪朗-吕埃尔肖像。这幅看起来非常轻松的肖像，很好地掩饰了他为推动莫奈和他印象派同僚的事业而耗费的巨大精力和热情。

咖啡馆里，常常聚集着一帮热情四溢的艺术家，讨论艺术的发展。马奈是这些非正式讨论小组的核心。莫奈也参与这些讨论，但是他一直保持着自己的独立性，他很怕融入某个团体。

1871 年底，莫奈和他的家人搬到了在阿让特伊租住的房子里。阿让特伊是一个位于塞纳河畔的乡间小镇，离巴黎只有 20 分钟的火车车程。他住在横跨塞纳河的铁轨桥边。直到 1878 年，阿让特伊的这座房子一直是莫奈的工作地点。

保罗·迪朗-吕埃尔（1831—1922）

作为艺术经纪人的儿子，保罗·迪朗-吕埃尔是印象派的无名英雄之一。他自己冒了很大的财务风险，以朋友和咨询的名义在经济上资助印象派画家，并为莫奈和其他艺术家的事业做担保。尤其是在 19 世纪 70 年代，他在保障独立画家们的生活方面起了重要作用。他违背莫奈的意愿，打开了美国市场，并为莫奈赢得了巨大的利益，而莫奈则会毫不犹豫地为了自己的利益，利用朋友和其他经销商作对。

阿让特伊：自然与艺术进步

“莫奈是真实大自然的爱慕者。”

卡米耶·毕沙罗

阿让特伊位于塞纳河北岸，距离巴黎不到30公里。1871年底，莫奈在这里安家。这里完全满足他的需求。房租很低，小镇很有吸引力，有河，有铁路，还有美丽的乡村，一年四季都有很好的绘画主题。他去首都也很便捷，可以很方便地去找艺术经纪人和参加巴黎热闹的文化生活。

上图　这幅十分私密的莫奈肖像画由雷诺阿所作，展示了莫奈在阿让特伊的花园里画画的场景，他脚下的遮阳伞和便携式画架表现出他们热衷于直接描绘主题。

卡米耶·毕沙罗（1830—1903）

毕沙罗出生于丹属西印度群岛，是印象派组织中最坚定的成员之一。他决心成为一名画家，因此来到巴黎，并得到柯罗的鼓励。他在1859年遇见莫奈，随即成为好朋友和对手。毕沙罗画过巴黎周边的集镇和伦敦南部的郊区。1885年，在修拉和新印象主义的影响下，毕沙罗不仅对无政府主义和修拉有着相同的兴趣，而且还在一段时期内，采用了他们点彩画法的一种改进形式。

与巴黎离得很近，这意味着莫奈并没有与商业机会和朋友隔绝，特别是雷诺阿、毕沙罗和年轻而富有的居斯塔夫·卡耶博特，他们也住在这个镇子上。所有人都非常喜欢在莫奈的花园、河边或者乡下画上一整天画。尽管莫奈一直存在资金困难（即使迪朗-吕埃尔在1872至1873年间，给了他大量投资），莫奈仍对阿让特伊比较满意。这一点从他的绘画中可以清楚地看出，他的画典型地表现了一种理想化的中产阶级生活：舒适的家和整洁的花园。莫奈、雷诺阿和卡耶博特都是敏锐的园丁，他们的画作带给人一种隐秘封闭空间的安全感和宁静感。

卡米耶·毕沙罗了解他朋友的才华，在写给长子吕西安的信中，把莫奈的才华描述为“非常严肃、非常纯粹……是一门经过深入研究的艺术，其基础是观察，带着一种全新的情感，这是色彩和谐的诗歌，而莫奈是真实大自然的爱慕者”。

下图　莫奈在这幅画中完美捕捉到了冬日的寒意，让人想起巴比松画派的弗朗索瓦·米勒的风景画。对画面处理的即时性和简洁性让人觉得艺术家就在现场。

这是对莫奈这一时期艺术非常敏锐的评价，尽管他所描绘的“真实大自然”掺杂了许多人为的痕迹。阿让特伊是休闲活动中心，尤其是划船和游艇，但在莫奈居住的时候，它已发展成为一个工业中心和一个商业重镇，这些改变都在莫奈的作品中得以记录下来。这里的大自然是安全的，居家空间则被描绘成快乐和交流的场所。

在 19 世纪 70 年代，莫奈的绘画风格经历了显著的变化。他从 60 年代宽阔的板状笔触发展成一种由更小一些、像逗号一样的上色风格，颜色的选择范围也更加广泛而微妙。这一时期，画作里的颜色相互交织，形成网络，营造出一种丰富的像挂毯一样的表面。但是，能画出这些画始终需要以强烈、直接和长时间的视觉观察做基础。

莫奈学着他的艺术家朋友多比尼的例子，把一艘大型划艇改装成一个会漂浮的画室。这样，他就可以轻松来到沿河的各个地方，并让他在好奇的目光下，保持一定程度的隐私。这一时期，莫奈在构图上的许多创新都源于他是在河上作画——例如，他的许多画都没有前景。这样的策略给观众带来前所未有的即时感。

他的画组织得很精妙。他将他的视觉感知融合成一个装饰性的整体，创造出的图像很明显是对眼前场景田园诗般的诠释。他其实就是以游客的视角观察环境，将其作为一个休闲的景点和风景名胜。他画中的主体——火车和游艇、河流和桥梁——与流行的明信片中的主题相呼应，都是很容易模仿的反映休闲和发展的图景。

但是，正如评论家所指出的那样，莫奈这一时期的许多画作超越了“简单”的游客视角，其中表现了工业对自然环境的入侵。看起来宁静而清洁的河流实际上已经受到严重污染。莫奈的花园位于市中心，周围环绕着建筑物，这些建筑物在莫奈和雷诺阿等人对郊区休闲的描绘中几乎无法瞥见。这些都是对唯物主义文化的赞歌，是资产阶级的田园风光，描绘出简单的文明乐趣：以家庭为单位，享受野餐和午餐的乐趣，父亲缺席的原因只是他在一旁观看，或者像莫奈本人一样，是他在画这幅图景。

莫奈作品的售卖

莫奈的生活舒适惬意，有美食和美酒，女佣和园丁。迪朗-吕埃尔十分支持他，为他的未来投入巨资：1872—1873 年间，这位艺术经纪人从莫奈那里购买了价值近 29000 法郎的画作，直到遭遇严重的财政困难而不得不停止。用迪朗-吕埃尔自己的话说，这是“一个可怕的时期”。1875 年，在德鲁奥拍卖行（Hôtel Drouot）举行的拍卖会上，他不得不以 110 法郎的价格买下莫奈的作品——这只是为画框付的钱。但后来，在 1910 年的公开拍卖会上，他得以以 7 万法郎的价格出售其中一件作品，这让迪朗-吕埃尔十分满意。

上图 《阿让特伊桥》（*The Bridge at Argenteuil*，1874）是一个垂直和对角线的组合，呈现了高度的有序性。夏日强烈的阳光使直射光和反射光产生了明亮的效果。

上图 《雪中火车》(*Train in the Snow*，1875) 十分随意的构图实际上是经过精心组织的，让人想起寒冷冬日的情景，场景里的每个元素都在其中起到了作用。

第一次印象派画展，1874年

“我们在这些人的作品中看到了什么？什么都没有，除了对大众品味和智商的蔑视和侮辱。”

艾蒂安·卡尔加（Etienne Carjat），《法兰西爱国者日报》（*Le Patriote Français*）的艺术批评家，1874年4月27日

摄影家纳达尔曾经的工作室在1874年4月15日举办了一场艺术展览。他这间工作室位于巴黎崭新漂亮的巴蒂尼奥尔（Batignolles）商业艺术区的核心地带，在嘉布遣大道（Boulevard des Capucines）和达努街（Rue Danou）的拐角处。这次展览共展出了30位艺术家的165幅作品，组织者是一群野心勃勃的年轻艺术家，其中包括雷诺阿、毕沙罗、贝尔特·莫里索、德加、西斯莱和莫奈。

展览在宣传时声称由“画家、雕塑家、雕刻家等股份公司”举办，换句话说，这是一家合伙制公司。19世纪70年代头几年，艺术家和他们的主要经销商迪朗-吕埃尔过得很艰难，因此希望直接把画卖给在巴黎沙龙里摩肩接踵的观众，以便改善自己的境况。他们机灵地把展览开在了官方沙龙之前。仅过了四周，展览开幕，相比于巴黎沙龙接待的约40万名参观者，展览仅接待了3500名参观者。这使得艺术家受到了广泛的批评。交易虽然不多，却振奋人心，在一定程度上，这家公司可以说已经取得了成功。

上图 著名摄影家纳达尔的工作室举办了第一次印象派展览，工作室现在还在，位于嘉布遣大道35号，离雄伟的巴黎歌剧院只有几步之遥。无论是现在还是当时，歌剧院都是漂亮巴黎的中心。

莫奈在这次展览中展出了5幅油彩画和7幅粉彩画，其中包括一幅画于1872年的油画素描。由于展览需要准备展品名录，他需要给这幅画起一个名字。于是，他随意地称之为《印象：日出》（*Impression: Sunrise*）。这幅画描绘了法国的第二大港口——勒阿弗尔港。我们可以直接看到正在升起

的太阳，它的倒影洒在波浪起伏的海水上。清晨的薄雾掩住了建筑和航船繁杂的细节，仿佛一层静静的变幻的面纱。

这个构图让人想起透纳以及他心目中的英雄——法国17世纪海港画家克洛德·洛兰（Claude Lorrain）的画。他的手法和莫奈同时代的美国画家詹姆斯·麦克尼尔·惠斯勒（James McNeill Whistler）在同一时期所画的《夜曲》（*Nocturnes*）系列非常类似。《印象：日出》画如其名，就是一个印象。

评论家路易·勒鲁瓦（Louis Leroy）在讽刺评论《印象派展览：一出闹剧》（“*Exhibition Impressionist*” *conributed to Charivari*）中，点名批评了莫奈这幅画。他写道：“我很了解印象主义。我告诉自己，既然我印象深刻，那我一定会有印象。多自由、多轻松的工作啊！就连未完工的壁纸都比那幅风景画更好。”正是勒鲁瓦这一讽刺性的回应，让莫奈以及和他一起参展的艺术家得到了这个他们为历史铭记的称谓。

莫奈为勒鲁瓦的讽刺评论而愤怒，但他可以从他另一幅画——《嘉布遣大道》（*Boulevard des Capucines*）的评论中振作起来。这幅从纳达尔工作室的阳台上取景的风景画被认为是真正的成功。批评家埃内斯特·谢诺（Ernest Chesneau）佩服地写道：“从未见过如此充满活力的大街，人行道上熙熙攘攘，人来人往；街道上马车穿梭，沿街的树在尘土和阳光下摆动。从未见过如此难测、短暂又飞速的运动在奇妙的流动中被捕捉和定格，就像这幅非

阿尔弗雷德·西斯莱（1839—1899）

阿尔弗雷德·西斯莱出生在巴黎，父母是家境优渥的英国人。他曾在夏尔·格莱尔的画室里学习，并在那里遇见了莫奈。他画过大巴黎地区的村庄、河流和农村。他家在普法战争和巴黎公社后千金散尽。尽管他参加了印象派画展，也得到了迪朗-吕埃尔的资助，但是在所有与印象派相关的艺术家里面，他一生都是经济上最不成功的那一位。在他死后，莫奈不得不向他的家人施以援手。

上图　这幅肖像由雷诺阿为这位出生于英国家庭的画家所画，表现出印象主义大师乐于通过最巧妙随性的方式来刻画人物的特性。

对页图　《嘉布遣大道》（1873—1874）的构图体现出鲜明的特点，但很容易被忽略：我们和艺术家具有相同的视角，俯视那些像蚂蚁一样沿着下面大街飞快奔走的人。

贝尔特·莫里索（1841—1895）

贝尔特·莫里索出生于富裕的中产阶级家庭，她反抗陈规旧习，想要成为一名严肃的艺术家。她被马奈画过很多次，并于1874年和马奈的哥哥欧仁结婚。她是印象派展览的重要参与者，也是唯一一位在1874年首次印象派展览中参展的女性。此时，她的画已经表现出她想要的风格，即一种真正力量型的美妙又即兴的绘画风格。莫里索在54岁时突然去世，卡米耶·毕沙罗在写给他的儿子吕西安的信中说道：“这位杰出的女士……给我们的印象派团体带来了荣誉……”

上图　这幅素描捕捉到了夜晚变成白天的那一瞬间，几点明亮的橙色捕捉到了跳动的波光。《印象：日出》（1872）给印象主义带来了专门的称谓。

对页下图　1875 年，莫奈的妻子卡米耶和儿子让在阿让特伊花园里的温馨画面让他认识到——和过去及现在的许多艺术家一样——这种题材的吸引力。作为艺术家，莫奈也知道不收钱的模特是最好的模特。

凡的素描里呈现的那样。”

这就是问题所在：这样的画被认为是一幅未完成的作品，一幅草图。正如评论家所分析的：“从远处看”，这幅画变成了一个“难以辨认的调色板大杂烩”。

这家股份制公司因为巨额债务，在当年年底就破产了，但它播下了种子。在接下来的 12 年里，直到 1886 年，不少来自这个团体的个人，还有其他艺术家，在首都附近不同的地点举办了八次独立展览，展示他们的作品。总之，他们向巴黎表明，创新性绘画的未来与他们同在，而绘画的创新则是对现代性最有效的回应。

后续印象派画展

“印象主义全是给人看的，却没有让人思考的东西。”

阿尔弗雷德·罗斯塔洛（Alfred Lostalot），艺术评论家

虽然参加1874年纳达尔工作室展览的艺术家被称为“印象派”，但他们只是勉强接受了这个称呼。“印象派”也从未用于他们后续的七次展览的标题或者海报中。这个团体，包括埃德加·德

埃德加·德加（1834—1917）

埃德加·德加冲动、易怒，才华横溢又忠于艺术，他和印象派之间的关系特别纠结。同马奈、塞尚、雷诺阿一样，德加意识到，过去的艺术既伟大，但也必然要走向现代。他觉得自己游离在莫奈的圈子之外。德加认为，莫奈是一位大自然的浪漫诠释者，但德加自己却要通过对赛马、舞者或泳者的研究来探索运动和色彩。他执着的研究让他在色彩和绘画上进行了非凡的试验，并以一种与莫奈完全不同的方式呈现出来。

上图 在这幅1862年完成的自画像中，埃德加·德加把自己塑造成一位握着一双手套和一项高礼帽的绅士。

加和保罗·塞尚（前者比后者参展更多），从来不只是一个松散的个人联盟，他们的共同愿望是展示和销售现代主题的绘画。

在第一次展览取得一般性成功之后，法国经济陷入持续性衰退。1875年，雷诺阿、莫奈、西斯莱和莫里索同意在德鲁奥拍卖行拍卖他们的72件作品。雷诺阿于1904年回忆道："那次拍卖就是一场灾难。美术专业的学生排着长队来抗议我们的画，到了不得不动用城里警察的地步。"这群艺术家被称为"强硬派"（Intransigeants），这是当时用来指代左翼政治活动家的词汇。那时候，企业家已经不愿意冒险拿钱去购买先锋派艺术品了，因此，这样的协会在卖画这件事上，起不了任何作用。

这场灾难之后，印象派又回到举办团体展览上来。十年间，对印象派作品的批判都是通过充满政治性的语言表达出来的，许多评论家的言论都很直率。1876年，在《费加罗报》（*Le Figaro*）上，保守派评论家阿尔贝·沃尔夫在评论第二次印象派画展时写道："有些人在这些作品前哈哈大笑。就我而言，我感到心碎。这些自以为个性十足的艺术家，自称'强硬派'或'印象派'，拿出一张画布、一些颜料和几把刷子，漫不经心地往画布上涂些色调，然后签上名……这是一种人性空虚的可怕景象，缥缈到近乎疯狂的地步。"

1877年，沃尔夫的评论有了回应。弗雷德里克·舍瓦利耶在评论当年的印象派画展时写道："对颜料的粗暴处理、朴实的题材、他们寻求的那种自发性、故意的不连贯、大胆的用色、不顾形式，以及把精致优雅与孩童般的纯真漫不经心地混合在一起，这就是印象派。他们与其他人的不同之处在于把相互矛盾的优缺点混在一起，让人困惑，是我们这个麻烦重重的时代里，无与伦比的一股混乱势力。”

左翼评论家朱尔·卡斯塔尼亚里则更具同情心。“这些年轻艺术家，”他写道，“有一种理解自然的方法，既不沉闷，也不平庸。它是活泼的、敏锐的、明亮的，也是迷人的。这是对描绘对象迅速的理解，绘画手法也让人赏心悦目！它是总结性的、真实的，但又是多么准确！……（这些艺术家）描绘的不是风景，而是风景让人产生的情愫。”

虽然他们争取到一些私人收藏家的支持，但在公众眼里，印象派已经成了一种猎奇的形式。甚至像阿尔弗雷德·罗斯塔洛这样饱含热情的评论家，也开始怀疑印象派的绘画既缺乏技巧，也没有意境。

莫奈和其他参展画家之间的关系总是问题重重。他看重自己的独立性，同时担心如果和其他艺术家接触过多，他的视野会丧失直观性和纯粹性。他还害怕别人模仿自己努力坚持的作画方式。所以，在八次印象派画展中，他只参加了五次，其中包括1876年的那次展览。当时，他的经济再次面临困难。

十年过去，民主式展览的大胆尝试宣告失败。这群人放弃了现代题材的绘画，开始寻找其他的市场机会，即便是再次出现在沙龙里。雷诺阿和莫奈带头，他们开始在专门的画廊里举办个人作品展。

保罗·塞尚（1839—1906）

保罗·塞尚出生于艾克斯。他非常注意保持自己艺术的独立性，并决心创造一种艺术形式，既符合他本人对大自然的体验，还能表达他对过去的大师的爱戴和尊敬。他是埃米尔·左拉的儿时伙伴，来到巴黎后，在毕沙罗的指导下，他和印象主义者一起展出作品。回到艾克斯后，他很少在那里参展。直到生命的最后几年，他的作品才真正为人欣赏。莫奈就是他作品的喜爱者。

上图　保罗·塞尚的自画像，大约作于1879年至1885年。他看起来非常严肃，多少掩盖了他孤僻的本性。

上图　莫奈的画室船，由他本人作于 1875 年。这一艘船不仅让他找到了不寻常的绘画视角，还帮他避开了过客不欢迎的目光。

对页图　车站管理员误认为莫奈是个受人尊敬的画家，他遵照莫奈的要求，让发动机释放蒸汽，以便他能画出这种效果。

圣拉扎尔火车站

“今天，我们的画家一定要在火车站寻找诗意，就像他们的父辈在森林和河流中寻找诗意一样。”

埃米尔·左拉

波德莱尔在1855年写道：“随便在酒吧里抓一个看报纸的法国男人，问他对‘进步’的理解是什么，他会回答，是蒸汽、电和煤气，这些都是罗马人所不知道的奇迹……可怜的人……对于物质和道德、自然和超自然，他们已经丧失了区别它们之间差别的概念。”

这个时代，蒸汽最伟大的应用莫过于铁路蒸汽机。铁路连通了法国乡村，让很多人都能实现在法

铁路作为一种艺术题材

在许多人看来，铁路绝对是现代的象征。在英格兰，透纳画了一幅开足马力的蒸汽列车图。英格兰画家威廉·弗里思和德国画家卡尔·卡尔格创作了许多叙述性绘画，详细描绘了与铁路旅行不可分割的社会交往。法国艺术家也画铁路和火车，毕沙罗居住在伦敦南部的时候，同样描绘了两幅精美的彭奇车站图。

国全境旅行，这是进步和现代化的象征。铁路旅行的各个方面都是新的：火车站大厅熙攘的人群、购买车票、激动人心的出发和到达，当然还有旅行本身。景色一闪而过，彻底改变了人们思考和体验生活的方式。铁路不仅给人们提供了旅行的机会，还让人们能够重新认识国家的自然环境。

巴黎的火车站是现代的奇迹，它们就是新式教堂，但不为上帝，而是为人类而建。没有铁路，莫奈就不可能那样安排自己的生活。他特别熟悉位于

左上图　1875 年卡尔·卡尔格画了一幅生动的《维也纳西北车站》(*Northwest Station in Vienna*)，笔法比莫奈的更为严肃，描绘的是典型的忙碌喧嚣的火车站里的情形。

下图　在这里，莫奈仰望着桥，桥上的行人向下看。从发动机里散出的蒸汽围绕着建筑跳舞，柔化了周围建筑锐利的线条。

巴蒂尼奥尔街区的圣拉扎尔火车站。有一条铁路直接从巴黎通往莫奈童年时位于诺曼底海边的家，而这条线路的终点站就是圣拉扎尔火车站。莫奈的工程师朋友居斯塔夫·卡耶博特就住在这附近。卡耶博特家境优渥，为莫奈在火车站附近租了一套单间公寓，地址是梦溪街 17 号——现在位于伯尔尼街——这是他在巴黎的居住地。

马奈也住在车站附近，他至少画了这座车站 11 次。在 1876 年的印象派展览中，马奈展出了一幅以火车站为主题、以他典型的颠覆性手法完成的巨幅油画。在这幅油画中，一个小女孩出神地盯着车站，但人们几乎看不到车站。能看到的是，一位年轻女子从一本书里抬起头来，面色冰冷又疑惑。同样是在这次展览上，卡耶博特展示了他精心创作的油画，同样是以车站周边景色为主题。

出于对环境和光线的兴趣，以及对这座城市的痴迷，莫奈并不出人意料地在 1877 年决定创作一系列以圣拉扎尔车站为主题的作品。这预示了接下来他还会创作一些更精确、更正式的系列作品。在当年印象派画展上，莫奈展示了 8 幅以圣拉扎尔火车站为主题的画，以及其他一些作品，1877 年的印象派画展因此变成了一个莫奈作品的小型回顾展。

莫奈与他的朋友最大的不同在于他不一样的视角。他把画架放置在车站中心。车站管理员误认为他是一位重要的官员，于是答应了他的所有要求，其中包括让所有发动机一起排放蒸汽来达到绘图的效果。莫奈描绘的圣拉扎尔车站，是一部明亮的奇迹般的史诗，是一场视觉盛宴，火车头立在蒸汽弥漫的火车站里，而人则退到次要的角色。和他的朋友卡耶博特不同，莫奈不是工程师，他画画的唯一目的就是表达自己对钢铁、玻璃和空气三者结合的惊讶之情。

这是莫奈最后一批对现代性做出简要回答的作品。正如他在书信里所说，从这时候起，他越来越对自己视觉体验的即兴记录感到不满意。

居斯塔夫·卡耶博特（1848—1894）

居斯塔夫·卡耶博特是个有钱的单身汉，也是一位训练有素的海军工程师。作为艺术家，他是技巧高超且与众不同的城市生活诠释者。他是莫奈和其他印象派画家的好朋友，是他们展览的有力支持者和他们作品的买家。在后来的岁月里，他对园艺和帆船越来越感兴趣，最终完全放弃了对艺术的追求。他把自己收藏的印象派作品捐赠给了法国政府。巴黎奥赛博物馆印象派作品馆即以他的捐赠为基础建立起来的。

上图　雷诺阿的构图冷静、复杂又深刻。这位女士从她的书里抬起头，仔细观察着看客，而我们视野里的那个孩子正盯着一列火车，但我们只能看见那辆火车的蒸汽。

上图　作为工程师，卡耶博特对这座欧洲桥的结构非常着迷。在这幅1876 年至 1880 年间完成的画作中，过路人的身影被截断，其中一人还盯着一列即将驶离的火车，给了这幅画强烈的即时感。

生活的变化

“莫奈是最优秀的印象主义大师。”

泰奥多尔·迪雷，1878

埃内斯特·奥谢德（1838—1891）

1863年4月，埃内斯特·奥谢德娶了富有的艾丽丝·莱茵戈，当时她才17岁，有一大笔嫁妆。埃内斯特后来成为百货公司老板，并收藏有大量的艺术品。他们有六个孩子，包括自称是莫奈的儿子的让-皮埃尔、女儿布朗什和苏珊，她们在莫奈的生活中扮演了重要的角色。1877年8月，埃内斯特宣布破产，他们惬意的生活颓然结束。在蒙热龙，莫奈与艾丽丝的关系变得亲密起来，1880年，埃内斯特搬出家门，再也没有和妻子一起居住。

克洛德·莫奈的生活在19世纪70年代后期发生了很多变化。尽管在70年代后期，莫奈的经济条件尚可，足够负担巴黎的工作室和阿让特伊的房子，但他还是时常感到拮据，哪怕在过去的十年里，他的平均年收入有1.4万法郎，而当时阿让特伊工人的平均年收入只有2000法郎。在这十年里，他以巴黎和周边景色为题材的画作，都是表现法国重拾自豪感的佳作。但主要问题在于，尽管莫奈和迪朗-吕埃尔非常努力，但他和印象派朋友们一样，仍然依赖一个相对较小的客户群体，并受制于变幻莫测的金融市场。

1876年，也就是第二次印象派画展的那一年，莫奈陷入了严重的经济危机，一位资助人拯救了他，那就是百货公司老板埃内斯特·奥谢德和他的妻子艾丽丝·奥谢德。他们让莫奈为他们在蒙热龙乡间的豪华别墅画了许多装饰画。莫奈六月来到别墅，直到12月才离开，他在城堡优雅的庭院里享受奢华的画室，和他资助人的妻子艾丽丝的关系也更加密

左上图 《狩猎》（*The Hunt*，1876）是蒙热龙的罗腾城堡里的装饰画之一，由埃内斯特·奥谢德委托莫奈所作。画中猎人正等着行动起来。

对页图 这本来不是莫奈的本意，但这幅卡米耶·莫奈在1879年临终时的画像，与19世纪“来自另一个世界的访客”的照片有着惊人的相似之处。

Claude Monet

切了。

1878 年，莫奈的第二个儿子米歇尔出生，而埃内斯特·奥谢德的金融帝国却崩溃了，奥谢德宣告破产。他是莫奈作品的重要买家，现在却不得不转卖他的作品。伴随着资助人经济崩溃，莫奈自己也破产了。莫奈的财务压力非常大，不得不恳求债权人不要没收他的家当，最后，他被迫带着生病的妻子和两个儿子离开阿让特伊。

1878 年夏天，奥谢德家和莫奈家共有 8 个孩子，其中 6 个是奥谢德家的。他们齐心协力，一起搬到弗特伊村的一座房子里，这是塞纳河边的一个小农庄，离吉维尼小镇几英里，比阿让特伊离巴黎更远。

蒙热龙的画

1876 年，埃内斯特·奥谢德委托莫奈为他的乡村居所——蒙热龙的罗腾城堡——画了 4 幅装饰画。莫奈似乎不太可能让卡米耶陪伴在侧，但他在庭院里有一间工作室，并画了一些野心十足但又恪守传统的作品：《火鸡》（*Turkeys*）、《花园一角》（*The Corner of the Garden*）、《狩猎》和《池塘》（*The Pool*）。在《狩猎》中，埃内斯特拿着枪，他的姿势表现出他急躁、孩子气的性格特点，他的朋友们正准备开枪射击。

在这里，莫奈过着一种越来越复杂，越来越脱离主流的生活。埃内斯特四处奔走，但他的事业还是没有起色，莫奈则继续在诺曼底海边作画。这两个男人，似乎都在争取吸引艾丽丝的注意。

1879 年 4 月，印象派举办了第四次展览。卡耶博特决心自己收藏作品，莫奈对此感到十分沮丧和失望。莫奈为展览提供了 29 幅作品，成了这次展览的主要参展人。展出的作品包括他早期绘制的海景图、描绘弗特伊和拉瓦古尔地区的作品，以及两幅庆祝 6 月 30 日节日盛典的精品。莫奈没出席展览，并且他的很多画都是由收藏家和艺术经纪人借展，因此并不对外出售。

1879 年 9 月，悲剧降临在弗特伊的家中。莫奈的妻子卡米耶——他多年的伴侣——在经历了一场漫长的病痛之后去世，年仅 32 岁。她是莫奈唯一的模特和灵感之源。莫奈在 9 月 5 日——也就是他妻子去世的那一天——写给朋友兼资助人乔治·德·贝利奥的信中表现了极度的绝望：“经过了最可怕的折磨后，我可怜的妻子在今天早上 10 点半放弃了挣扎。我沉浸在痛苦之中，现在只剩我和孩子在一起……”莫奈悲痛欲绝，越来越难以工作。

多年后，莫奈曾向乔治·克列孟梭[①]吐露过当时的回忆。如果他所言非虚，那么在他产生强烈失落感的同时，他意识到，自己对绘画技艺的全神贯注

---

① 乔治·克列孟梭，法国政治家，两度出任法国总理，人称“法兰西之虎”或“胜利之父”。正是在他的坚持下，莫奈晚年完成了系列名作《睡莲》，并由橘园博物馆收藏。——译者注

对页图　在《池塘》中，莫奈又重返封闭式构图，倒影成为绘画的主要元素之一，这与后来的吉维尼花园画一样。

上图　这是一幅非常奇怪的画。火鸡在草丛中觅食，巨大又笨拙的身影让背景里优雅的城堡显得十分矮小。

已经到了可以无视其他一切的地步，甚至丧失了自己作为人的本性。这让他十分害怕。他看着自己刚去世的妻子，竟不由自主地想把调色板里的颜料涂在她安详的脸上，就像在画布上作画一样。

就这样，莫奈在绝望和焦虑中度过了他的 70 年代，这与他的画中表现出来的乐观精神形成了鲜明的对比。

上图　这幅卡米耶经过窗前的画像（约 1870），是莫奈在绘画中捕捉到的永恒一瞬间，简单却让人过目难忘。

对页图 《破冰》（*The Debacle*）是莫奈在画室船上画的。他的手留在画里巨大的方向性标记中的痕迹很容易察觉。他下笔很快，横的，竖的，对角的，这是对景物的基本结构和环境因素的速写。

弗特伊：转折点

弗特伊在1878年还只是塞纳河旁的一个小村庄，拥有很多中世纪时期的教堂。搬去那里以后，莫奈故意让自己远离巴黎竞争激烈的艺术圈。和从前一样，他相信自己向前开拓是为了开阔视野，集中精力打造自己独特的风格。

从弗特伊时期的画中我们可以看出，莫奈被沿河地区的季节变化和乡村景观的柔和轮廓深深吸引。莫奈常常利用画室船，从上佳的位置描绘这个村庄在每一种天气、每一个季节的独特景象。他因此能够运用水中的倒影来创造一幅动态的画面。水上的景物倒映在水面上，原本僵硬的风景便有了一种情致满满的气氛。除了那些充满活力的风景画，他还画了很多明媚的反映家庭幸福生活的画。无论后期他在画室里对这些画做了多大

艾丽丝·奥谢德（1841—1911）

艾丽丝·奥谢德（娘家姓莱茵戈），是莫奈一生的挚爱。她是一个虔诚的天主教徒，有教养，意志坚定。她带着丰厚的嫁妆出嫁，但她的丈夫埃内斯特对这笔财产管理不善。人们只能想象，当她意识到自己对莫奈的感情时，内心承受了多么大的痛苦。埃内斯特破产时，艾丽丝正怀着孕，结果埃内斯特却离开了她，把她和五个孩子交给了莫奈照顾。从那时起，他们一起过上了一种与世俗格格不入但又充满爱的家庭生活。艾丽丝要求莫奈外出写生时和她保持通信。莫奈则给她写了无数封信，让她了解自己的工作方式。

的修改，弗特伊风景画都显示出，他面对大自然一直恪守着自己最直接的反应。19世纪80年代，莫奈的画越来越成熟，摆脱了上个十年间许多作品中透露出的粗略感。

1879年的冬天，卡米耶在弗特伊去世。这年冬天是有记录以来最寒冷的一次。塞纳河结冰了，而早春时节，河水突然解冻更是让天气极度寒冷。一月初，艾丽丝给离家的莫奈生动地描述了冰裂的情景：“凌晨5点，我被可怕的噪音吵醒了，这声音就像轰隆的雷声，比这令人恐惧的噪音更响亮的是从瓦古尔传来的叫喊声。我很快跑到窗前，尽管四处一片黑暗，但我仍看到大片的白色物体到处涌动，原来河冰解冻了，真像是场灾难。”

莫奈回来后，画了许多塞纳河破冰解冻时冰冷灰暗的场景。我们很容易从他私人生活的凄凉和困境的角度来解读这些作品。这是莫奈和奥谢德的困难时期。卡米耶死后，他和艾丽丝之间的关系复杂又紧张，他对自己的创作感到担忧，这一切都表明，那几年是他生活和事业上的危机时期。但认真地说，他的大块浮冰图有差不多20幅保存下来，这些作品就像圣拉扎尔火车站图一样，可以看作是后来伟大系列作品的前奏。

莫奈一直知道他需要扶养艾丽丝和他们组合家庭的8个孩子。所以，莫奈和他的艺术经纪人保罗·迪朗-吕埃尔密切合作，为自己的作品开拓市场。他的信反映出他作为一名职业艺术家，承受着很多压力。幸运的是，莫奈居住在弗特伊的这段时间，是他职业生涯中最高产的时期之一。他可以按每幅500到600法郎的价格在迪朗-吕埃尔那里卖掉他的画。而弗特伊房子的租金是每年600法郎。现在，他又可以过得很好了。

70年代末，他不仅和迪朗-吕埃尔，还和其他人做生意，比如一位很有学养的中间商——同时也

上图　随着年龄的增长，莫奈越来越喜欢不确定的事物。在美国画家詹姆斯·麦克尼尔·惠斯勒的影响下，他喜欢上水雾和烟气带来的美化和共鸣的效果，就像我们在这幅弗特伊景色图里看到的那样。

上图 1878 年，莫奈搬到了弗特伊。他从画室船、草地和小镇对面的河岸上画过这幅图景。

左图 修拉的这幅《大碗岛》（*La Grande Jatte*，1884—1886）描绘的是巴黎的日常生活场景，采用一种近乎科学的方法涂抹颜料，这与莫奈感性又浪漫的绘画风格相去甚远。

新印象主义

在 19 世纪 80 年代中期，年轻而独立的艺术家发现莫奈和雷诺阿的作画方式太过浪漫，太凭感觉。相反，修拉这样的艺术家试图引入一种新的严谨风格，即在绘画中引入像科学一样的精确。他发明了一套独特的点彩画风格，形成一个马赛克般的画面。这种画法吸引了很多年轻艺术家，比如希涅克、高更，以及像毕沙罗这样年老一些的艺术家。近十多年来，许多人认为这是现代绘画成形的标志。

是迪朗-吕埃尔的主要竞争对手——乔治·珀蒂。正是他说服莫奈重回 1880 年的巴黎沙龙。

1881 年秋，莫奈生活中的困难与日俱增。那时，他在弗特伊租的房子到期了。他说服艾丽丝搬去巴黎附近的普瓦西，但他讨厌那里。1882 年，他又举家搬到了诺曼底沿岸的布维尔。第二年春天，他们在吉维尼租了间房子，并在那里度过余生。

上图　莫奈的焦虑并没有丝毫影响到弗特伊村庄在春日里的迷人景色。在这幅画里，壮丽的教堂四周围绕的建筑群被拉长，营造出生动的构图效果。

19世纪80年代：新题材，新市场

上图　仿佛从广角镜头里看到的一般，《拉瓦古尔的塞纳河》这幅画比他平时的那些作品更加完整。整个画面沐浴着清亮的光线，温柔的蓝绿色和谐相融。

在1879年末，艺术经纪人乔治·珀蒂劝说莫奈以雷诺阿为榜样，返回巴黎沙龙参展。莫奈认为，如果这么做，他就不仅要返回搬到弗特伊后就远离的巴黎艺术界，而且还意味着，他将背叛19世纪70年代印象主义展览的共享和民主原则。“我将被整个群体当作叛徒对待，”他在给评论家朋友西奥多·迪雷的信中说，“但我相信，这样做符合我的利益。”

他不情愿地准备了3幅画。一幅是“我不太想送出去，因为会被拒绝”。其他两幅则更加成熟，“更谨慎，更小资”。最终，只有《拉瓦古尔的塞纳河》(*The Seine at Lavacourt*)一幅画被1880年巴黎沙龙评审委员会接受。这幅作品被高高挂在画廊墙上，几乎没有人注意到。

德加和毕沙罗因为他们的朋友回到巴黎沙龙而感到生气和沮丧，他们觉得所有被定义为“印象主义”的艺术家团体都死了。莫奈最后一次和印象派画家们一起展出是在1882年，而1880年却是他最后一次参加巴黎沙龙。

莫奈仍拼命为自己的作品寻找市场，所以他转向个人画展。1880年6月，他的首次个人画展在时尚杂志《摩登生活》(*La vie moderne*)的办公室里开幕，共展出了18件作品。他再一次跟随了精明的雷诺阿的脚步。这是一场令人印象深刻的展览，也是他迄今为止规模最大的个人画展，包括《1878年6月30日的蒙托格伊路》(*The rue Montorgueil*, 30 *June* 1878)、在阿让特伊及以前的作品，还有《破冰》(*A Breaking Ice*)。在这次展览的采访中，他有一句名言：“我仍然是一名印象派画家，将来也永远是。”当记者请求参观他的画室时，他非常热情地回应说：“我的画室！我从来没有画室……”他用手指着身边的风景，下了结论：“这就是我的画室！”他在报道中这么说，实际上他有所隐瞒。

莫奈再一次离开了巴黎，至少不再将它作为自己绘画的题材，他又回到最早期的那些图案。回到诺曼底后，他又开始描绘海岸边不断变化的光线和

左拉对印象派的看法

1886年，埃米尔·左拉发表了小说《作品》。在这部小说中，主人公克洛德·朗捷(Claude Lantier)是一位以塞尚为原型的艺术家，但兼具莫奈的特点。他被看作是一位有缺陷的天才画家，但未能画出他所期望、能够奠定自己杰出艺术家地位的作品。在极度失望中，他还没有完成自己的作品就自杀了。左拉的朋友们都被这部小说所震撼，因为这是左拉对他们未能兑现早期承诺的一种评价。

乔治·珀蒂(1856—1920)

乔治·珀蒂是一位富有的画廊老板。1881年，他在戈多德莫鲁瓦街(Rue Godot de Mauroy)12号开了一家自己的画廊，这是除官方沙龙以外另一个倍受欢迎的展览场所。珀蒂画廊里的私人展览也一直是重要的社交场合。早在1878年，珀蒂就开始购买印象派的作品，那时候他是富尔(Faure)和奥谢德的售品专家。从1882年开始，他创办了一系列国际画展，展出了莫奈、毕沙罗、雷诺阿和西斯莱的作品。19世纪80年代至90年代，他们都各自在那里举办了大型的回顾展。

环境。作为探索世界和自我的方式，一种具有洞察力的全新关注方式给他的作品带来启发，和他的朋友塞尚一样，莫奈的绘画是与描绘对象同化的一种方式，这一描绘对象即是大自然。

因此他开始了一次长达十年的旅行。他全心全意、精力充沛地投入创作中，描绘了法国各种各样的风景。他不仅画了一些热门的旅游景点，比如美丽岛和法国南部，也画了一些似乎与这个概念格格不入的风景，比如克勒兹河谷中荒芜又开阔的地方。

莫奈的绘画技巧和不同寻常的构图与画面，不断地给他招来批评，有些批评甚至来自他的仰慕者。例如迪雷，他提醒其他人注意莫奈那“奇异的眼睛”和他的“审美感”，认为这些因素破坏了他视野的真实感。德加也一样，他对莫奈的艺术感到不适。他在埃特雷塔一个朋友的窗边欣赏风景时写道：“天气真好，但我的眼睛忍不了莫奈。”

19 世纪 80 年代中期，莫奈的绘画方式由于新

上图　莫奈偶尔会使用柔和的颜色，就像这张埃特雷塔悬崖图中所呈现的那样，它的即时性和强色彩能够有效记录光线的瞬间效果。

下图　这幅 1886 年的画捕捉到大海用尽全力拍打在美丽岛的花岗岩上这一幕。莫奈对颜料如书法般的处理与海和风的运动相得益彰。

印象派画家的崛起而受到了直接挑战。卡米耶·毕沙罗放弃了19世纪70年代印象派绘画独有的即兴笔法，转而使用一种更加精确，如机械般严谨的画法，就像年轻艺术家乔治·修拉那样，在许多人看来，这是印象主义实践的合理化发展。

莫奈可能觉得受到了威胁，他四处旅行，与这些新的作品保持距离。他远离了家庭和物质享受去创作，所以能够摆脱关注他的艺术家的视线，专心试验和发展自己的绘画艺术。

上图　这幅画勾起了对炎热夏日的美好回忆。奥谢德的女儿乘坐着“挪威人号”小船垂钓，这是一种适合在浅水中划行的船。水里的倒影几乎和姑娘们一样生动。

追寻新主题

在19世纪80年代，莫奈遍游法国，为自己的绘画寻找令人兴奋的主题。莫奈曾两度来到法国南部，1884年初，莫奈第一次来到这里，第二次则是1888年初，来到昂蒂布。从1月到4月，他一直在靠近意大利边境的芒通和博尔迪盖拉工作。强烈的色彩和光线，芬芳扑鼻又充满异国情调的植被对他产生了直接而显著的影响。为了激发视觉体验的力量，他强化了颜色的对比，以便捕捉地中海沿岸朦胧闪烁的情景。

1884年，莫奈在雷诺阿的陪同下去南方旅行，他们还抽时间拜访了塞尚。三位旧友的这次会面，在他们各自的心中留下了一段光辉的回忆。雷诺阿最终在温暖的南方定居了。莫奈和雷诺阿在这次旅行中的作品表现了他们创作的矛盾。他们想逃离城市生活的压力，描绘原生态的大自然，但实际上，他们却把乡村进行包装和营销，促进了旅游业的兴起。

从19世纪80年代初开始，莫奈每年都到诺曼底海岸进行长期旅行，一直持续到1886年。大多数夏天都是他的家人陪他一起。莫奈家的孩子帮他把绘画材料和工具搬到当天选择的地点那里去，这成为当地人熟悉的景象。在一年中的其他时间里，他则独自工作。

在1886年的秋天，他去了更远的地方旅行。他独自去了美丽岛，这是布列塔尼海岸边的一个花岗岩岛。他在此逗留了几个星期，在一系列色彩明丽的画作中，他捕捉到了色彩、光线、海风拂过的海岸线，和岩石岸边大自然令人印象深刻的鬼斧神工。他写给艾丽丝的信中充满了对大海及其可怖的魅力的强烈情感。在这里，他成了这个时代的人物，就像当代作家，尤其是维克多·雨果在那部很有远见、畅销法国内外的小说《海上劳工》（*Toilers of the Sea*，1866）里表达的那样，他表现出对法国海岸陆地、海洋、天空三者交汇时的原生力量的一种强烈又浪漫的迷恋。他对大海的爱贯穿了一生，他曾

维克多·雨果（1802—1885）

维克多·雨果是他那个时代杰出的文学天才。他是法兰西第二帝国时期的诗人、剧作家、作家和评论家，他的小说如《巴黎圣母院》（*Notre-Dame*，1859）、《悲惨世界》（*Les Misérables*，1862）和《海上劳工》（1866）是19世纪法国的真实写照。他曾被流放过一段时间，1870年，他见证了巴黎被占领。在他死后，举行了一场英雄般的葬礼，有200万人参加。雨果最后埋葬在巴黎先贤祠。像莫奈和波德莱尔那样，他痴迷于大海和它的力量。

左图　寥寥几笔铅笔线条捕捉到船的运动和丰满的风帆，以及周边空旷的环境和大海的浩瀚。

对页图　在美丽岛岩石海岸线上，莫奈很喜欢大海的被他称为“险恶”的一面。金字塔状的结构像动物一样从海里冒出来，外露的尖头由结实的地平线固定。

费利克斯·费内翁（1863—1944）

费利克斯·费内翁出生于意大利都灵，是19世纪最后几十年里法国文化界举足轻重的人物。卡米耶·毕沙罗非常赞赏他的观点。他是一位非凡的人物，是新印象主义和象征主义的倡导者，也是高更和图卢兹-洛特雷克（Toulouse-Lautrec）等艺术家的支持者。他还是一位激进的无政府主义者，曾被法国警方密切监控，甚至一度入狱。他用当时巴黎流行的俚语写热情洋溢的评论的同时，也为更高雅的读者群写过极其优雅和精致的评论。

上图 1901年，马克西米利安·吕斯给费利克斯·费内翁画的肖像，由此可以看出这位评论家在巴黎社交圈的影响力有多大。

经幻想，在死后会被海葬。

1889年初，莫奈在中部高原地区偶遇的乡村景色，与美丽岛和法国南部的海景形成了鲜明的对比。莫奈又一次远离家人和朋友，在克勒兹河谷地区待了几个星期。在这里，他画了一系列冥想式的油画，描绘了流经这片风景的两条河——大克勒兹河和小克勒兹河——交汇时的景象。

无论在哪里作画，莫奈通常的做法都是在现场用尺寸相对较小的画布作画，然后回到出租屋里再加工，最后回到家里润色一次，从而创作出一种色彩斑驳、丰富又动感的绘画。“我只能对我做过的事情作出判断，”他曾写道，“当我回家再次看到画时，总需要片刻的平静和安宁，然后才能给我的画进行最后的润色。”

他这种再加工的画法招来了许多批评。1888年7月8日，一向敏锐的卡米耶·毕沙罗写信给他的儿子吕西安说：“我看到了莫奈的作品。他的作品都很可爱，但费内翁是对的，也许它们确实很好，但并不是一位老练的艺术家的作品。在我看来，而且我也听到他（费内翁）多次对德加说过，这些画是一位装饰家的艺术，技艺高超，但是转瞬即逝……”

莫奈在19世纪80年代的作品并不全是在远离家庭的情况下完成的。事实上，他发现吉维尼附近的乡村——也就是从1883年起他和他的家人所居住的地方——到处都有值得绘画的素材，他可以把全部的时间都花在那里，尤其注意天气、光线和四季轮回带来的效果。

上图　这幅画于 1884 年完成，它充满紧张的氛围。这让我们想起，19 世纪 80 年代至 90 年代是新艺术（Art Nouveau）的旋转韵律主导一切的时代。教堂的钟楼在交错的树丛中隐约可见，这是一种非常大胆的笔法。

上图　傍晚的阳光将中央高原上环抱的群山变成了若隐若现的轮廓。莫奈对色彩的大胆处理让克勒兹系列画的氛围显得更加神秘、可怕。

对页图　这幅画表面斑驳、颜色饱满，你仿佛可以感受到洒落在新堆积麦垛上的阳光的热度。

最初的系列绘画

“我变得更加疯狂了，因为我需要表达自己的体验……我必须非常努力地工作，才能成功地表达我一直寻找的‘即时性’，尤其是这层外壳，同样的光线扩散到各处。”

莫奈致居斯塔夫·热弗鲁瓦，1890 年 10 月

作为一名画家，莫奈从职业生涯伊始，就很喜欢通过不同的角度来描绘同样的题材，但直到 1890 年夏末，他才开始系统性地发展这种画法。

1890 年，从夏天到冬天，他一直在描绘干草堆的图案。他待在画室里，不停地调整颜色，用无数细碎的笔迹来构筑这些干草堆的表面。莫奈曾说，系列中的单幅作品“只有在整个系列的对比和连续中才有自己的价值”。对他而言，他的画记录了他对农业生活中最常见事物的长期观察。这些事物因为艺术家的介入而被赋予了新的地位。

这些画作是在“疯狂的工作”中完成的，其中 17 幅于 1891 年 5 月在巴黎的迪朗–吕埃尔画廊展出。作家和评论家奥克塔夫·米尔博认为这些作品“令人惊叹”。到现在依然如此。如果单独看，这些作品

毕沙罗和莫奈的系列画作

卡米耶·毕沙罗在1892年2月观看了《白杨树》系列展后，立马给他在伦敦的儿子吕西安写信说道："目前，只有莫奈（的画）受欢迎，看来他画得还不够。最可怕的是，每个人都想要《落日下的麦垛》(*Stacks of Wheat at Sunset*)。他画的所有作品都去了美国，每幅作品的价格是4000或6000法郎。"毕沙罗的热情（也可能是嫉妒）让他把莫奈在美国的作品价格翻了一倍：这些画的确不错，但每幅也不值4000—6000法郎。

上图　莫奈把他在素描本中形成的想法发展成一种极不寻常的构图方式，白杨的树干高大挺拔，但它们的树冠却呈S形。

会让观赏者产生强烈的震撼，但是，如果一起看，则让人叹为观止。他那出乎意料的色彩给观赏者带来震动。这些色彩符合视觉的真实性，却与艺术的规则相背。和透纳一样，莫奈给我们带来的是大自然里的狂野震撼。

在一张又一张的画布上，莫奈运用不同的色彩关系来描绘这些事物：或者在夏日艳阳下发出绚烂的光芒，或者在金秋里收获欣赏的目光，或者沉浸在冬季早晨的冰冷中。暑热蒸腾起的水汽和冬日里积雪覆盖的麦垛所反射的冷光，构成一种反差强烈的色彩图谱：丁香紫、冷调蓝和葱郁绿与炫彩的橘色和红色形成了鲜明的对比。

五年后，瓦西里·康定斯基，抽象派的先锋之一，在莫斯科一家画廊里看到了一幅《干草堆》(*Grainstacks*)。而这次不期而遇给他带来的影响贯穿其一生。他在《回忆录》(*Reminiscences*)中写道，这幅作品向他展示了"调色板的卓越力量，远超出他的想象……并且，在不知不觉中，绘画所描绘的客体变成了绘画中并非不可缺少的元素。"

莫奈在研究如何描画干草堆的同时，被他家附近埃普特河岸边一排白杨的生命力打动了。他在1891年的夏秋时节开始描画这些白杨。在绘画过程中，他知道了这些树即将被砍伐。他因此不得不付钱给树的主人，请求推迟砍伐，直到他把整个系列作品完成。《白杨树》(*The Poplars*)所呈现的是另一组变化：每一幅画中都是高大挺拔的大树，面对着不断变化的天空或倒映在不断变幻的河流中。1892年2月，莫奈在迪朗-吕埃尔的画廊里展出了

上图　在这幅极美的画里，白杨树线条的影子在远方飘扬，整个画面同样色彩明丽又松散，处处可见旋转式的笔触。

20 多幅《白杨树》中的 15 幅。和《干草堆》展一样，这次展览也大获成功。

与其说《干草堆》和《白杨树》是对富饶大自然的颂歌，或是对一处风景细节的具体记录，倒不如说，这两组系列绘画实际上是对感知、时间和经验的思考。每幅画都代表了莫奈在大自然面前的丰富经历，记录了艺术家和他表现的主题之间的空气是如何改变和定义他眼里所看到的一切的。

上图　这是全部《干草堆》系列作品里最抽象的一幅。在这幅画里，莫奈没有画“就在那里”的东西，画的只是他的印象，即景物对他的感官带来的影响。

下图　受莫奈的启发，康定斯基没有把绘画当作一种描述自己对外部世界感受的方式，而是用线条、形式和颜色来表达自己对这个精神世界的印象，正如这幅 1913 年的风景画所展现出来的。

瓦西里·康定斯基（1866—1944）

瓦西里·康定斯基出生于俄罗斯，是 20 世纪最重要的艺术家之一，也是抽象艺术的早期倡导者。他学的是法律和人类学，30 岁时才改学艺术。他在慕尼黑留学，1918 年回到俄罗斯。他认为艺术的作用是揭示生命的精神维度。当他看到莫奈的一幅《干草堆》里鲜艳的颜色及其处理方式时，他对绘画的思考发生了转折。莫奈的作品表明，一幅画并不需要一个清晰的描绘对象。

引人入胜的“秘境”：《塞纳河的早晨》系列

在1888年初的几个月，莫奈在法国南部的蔚蓝海岸待了几个星期。当地的风景给了他灵感，作品很快就大获成功，深受老主顾和收藏家们欢迎。但对这些作品的质量，艺术家同行和评论家们却并没有那么肯定。费利克斯·费内翁在1888年7月的《独立评论》(*La Revue Indépendante*)上写道：“莫奈先生是一个自主的画家，喜欢即兴发挥，画风大胆，才华横溢，他的名气越来越大，但是从他的埃特雷塔系列之后，他的才华似乎没有什么进步。”

莫奈似乎很在意这些批评，他90年代的作品变得更加深思熟虑，这很可能是因为他下意识决定要更加注重自己作品的内容和情感。与此同时，他一心捍卫自己的作品，不被像点彩画派（Pointillism）

上图　这张弗特伊附近塞纳河边的风景照片让观赏者了解到，莫奈和他的朋友们深受相机构图的影响，以及他们给我们带来了无论什么相机也无法拍到的东西。

的拥趸（其中包括费内翁）那样的人批评。他在写给美国画家莉拉·卡伯特·佩里的信里说：“大自然并没有‘点’。”

美国人是第一批欣赏且大量购买印象派作品的人。玛丽·卡萨特是一位独立、优秀的女艺术家，1877 年加入巴黎的印象派圈子。她成功说服她波士顿和芝加哥的阔绰朋友购买印象派的作品。她的这些行为，同迪朗-吕埃尔等人的行为一样，给莫奈和他朋友们带来了经济上的富足。1886 年 4 月，莫奈有 49 幅作品参加了迪朗-吕埃尔首次在纽约举办的印象派画展。总的来说，莫奈是最受美国人欢迎的印象派画家。其中一些人甚至在莫奈定居吉维尼后，在当地成立了一个美国艺术家大本营。19 世纪 80 年代中期，数百名美国人前来吉维尼朝圣，寻找大师的足迹，这引起了莫奈的不快。

现在，莫奈已人到中年，手头宽裕，可以做自己想做的事情了。于是，他再次转向伟大的风景画大师柯罗。柯罗曾对莫奈早期的绘画产生过重要影响。但莫奈没有试图模仿柯罗早期画面清晰的风景画，而是倾心于柯罗晚期抒情性的风景画，这些被记忆所改变的作品被柯罗称为自己的“回忆”。

与同时代的惠斯勒和德加一样，莫奈一生的作品表现了从追求精确到追求共鸣的转变，从中体现出象征主义诗人斯特凡纳·马拉梅[①]对他们所有人的影响。马拉梅在早年间帮助过莫奈，那时候他自己创作的诗歌有着极其复杂又微妙的含义。马拉梅相信“一切神圣的事物都必须笼罩在神秘之中”，写作的目的不是为了描述“这一事物本身，而是为了描述这一事物所产生的效果”。西奥多·鲁宾逊（Theodore Robinson）是一位住在吉维尼的美国艺术家，他认为莫奈曾经用“神秘”一词来描述自己的绘画。

1893 年，莫奈带着这样的想法开始了新的创作：以《塞纳河的早晨》（*Mornings on the Seine*）为主题的系列绘画。莫奈每天早上 5 点钟起床，看当天的天气是否符合他创作的意图。如果一切都好，他就会把船划到河里去研究和记录晨曦的意境。晨曦为河流和周围的景色带来了一种自然的和谐、统一和美化的效果。这些伤感的画作对艺术家来说代表了新的开始。它们就像正在冥想一样永远静止，是特别精致、富有韵律、令人颤抖而产生共鸣的画作。

玛丽·卡萨特（1844—1926）

玛丽·卡萨特出生于匹兹堡（Pittsburgh）的一个富裕家庭。作为优秀的画家和版画家（像莫奈一样，她受到日本版画的影响），卡萨特曾与印象派画家一起在巴黎参加展览。1877 年，当她遇到德加时，德加说：“她至少和我想得一样！”他们成为朋友，也许还可能是恋人。卡萨特参加了 1879 年、1880 年、1881 年和 1886 年的印象派画展，但是没有参加 1882 年的画展，因为德加也没参加。在美国，卡萨特非常支持印象派作品，这对印象派画家的保持良好的经济状况和赢得声誉至关重要。

上图　玛丽·卡萨特笔下的自己，穿着一身时髦的户外服装，坐在一个寥寥数笔勾勒而成的舒适房间里，这就是我们眼前这幅图。这幅简单的水彩画，突出地强调了一种亲密感和情绪感，以及视觉的偶然性。

对页上图：这幅画是他在船上画的。《塞纳河的早晨》系列作品逐渐从写实作品变成忧郁的象征主义诗歌。莫奈利用河中树木的倒影，创作了很多难以读懂的画作。

① 斯特凡纳·马拉梅（Stéphane Mallarmé，1842—1898），原名艾蒂安·马拉梅（Étienne Mallarmé），19 世纪法国诗人、文学评论家。与兰波、魏尔伦同为早期象征主义诗歌代表人物——译者注。

与莫奈当时的其他画作相比，《塞纳河的早晨》很明显是在工作室里创作出来的，莫奈不想让人知道这一事实。随着自己的名声越来越响，莫奈越发爱突出自己作为即兴画家的大众形象。1898 年，乔治·珀蒂在巴黎举办了一场大型的莫奈作品展，取得巨大成功，而《塞纳河的早晨》系列便是展览的一部分。

象征主义（Symbolism）

象征主义是 19 世纪末期在法国兴起的一场艺术和文学运动。在排斥现实主义的同时，象征主义用文学的形式，通过联想和暗示来表达自然。波德莱尔、马拉梅和魏尔伦的诗歌，居斯塔夫·莫罗、高更和奥迪隆·雷东的绘画，以及克洛德·德彪西的音乐中都强烈地体现出这一思想。致力于这一运动的艺术家的创作方式多种多样，但都是通过暗示而非直述来传达自己的思想和感情。

右上图　雷东的作品代表了艺术家视觉的“内在化”。他没有探究我们究竟如何理解所看到的事物，而是专门研究想象带来的共鸣。

下图　柯罗的《莫尔特枫丹的回忆》（*Souvenir of Mortefontaine*，1864），和莫奈晚期的塞纳河风景图形成了有趣的对比：二者都非常柔和，也都传达出田园牧歌般的诗意。

对页图　在这幅《塞纳河的早晨》中，相互呼应的形式和基调相近的颜色创造出了一种音乐般的效果，象征主义艺术家正努力通过不同的方式来达到这种效果。

鲁昂大教堂

“教堂雄伟至极。我以前从来不相信，建筑能（这样）描绘，最令人惊讶的是，它那令人难忘的尺寸，宏伟和衰败……”

西奥多·鲁宾逊致 J. 奥尔登·韦尔，1892 年 5 月

（引自多萝西·韦尔·扬：《J. 奥尔登·韦尔的一生和通信》，劳伦斯·W. 奇泽姆编并撰写引论，新海港出版社，1960 年）

左图　这张照片大致与莫奈在鲁昂停留的时间相吻合，表现了这座伟大的中世纪大教堂建筑的复杂性和外表的坚固性。

在 19 世纪 80 年代的大部分时间里，莫奈都在研究自然世界的几乎各个方面。1892 年，他告诉美国艺术家西奥多·鲁宾逊，他正在绘画中“寻找一些更严肃的品质”，他的朋友塞尚和德加也有同样的志向，但他们以不同的方式来实现。

1892 年，莫奈的注意力从本地风景转向了基督教和法国文化中最伟大的一个建筑鲁昂大教堂那悬崖般的外墙。这座伟大的中世纪建筑，和那些被时光匆匆打磨成暖灰色的石头，成了他绘画的主题。由此，莫奈再度表现出他不愿直接进入现

代生活。和他早期巴黎作品很明显的不同就是，《鲁昂大教堂》系列作品中没有出现人。这些画的现代性在于，画作像纪录片一样真实地反映现实，同时体现了视觉的复杂性。

莫奈在鲁昂大教堂的绘画分为两个阶段：第一个阶段是 1892 年年初从寒冷的月份开始，并一直持续到早春；第二个阶段是差不多一年以后，即 1893 年，一直持续到这一年 4 月。他在教堂前广场对面的一家商店楼上设立了一间画室。面对城市介绍上熟悉的风景——教堂西侧外墙，莫奈觉得“这是项异常艰苦又枯燥的工作”。他开始描绘从黎明到黄昏，再到傍晚的光线效果，描绘阳光穿过教堂坑洼外墙时的变幻多姿，创作了一首不断变化的色彩交响曲。当他作画时，大教堂由实物变成了彩色的笔触，并在这一过程中变得莫名神秘而难以捉摸。

莫奈只用最平实的语言来谈论自己的作品，让其他人用他们认为合适的方式来进行解读。但是，他之所以选择描绘鲁昂大教堂，似乎不太可能是想呼应法国深化基督教精神的新氛围。他选择教堂作为绘画题材的原因可能非常简单——正如他说过很多次那样——他厌恶任何来得毫不费劲的事情。作为一名画家，他一直在突破自己视野和技艺的极限。

“美好年代”（La Belle Epoque）的荣光充满魅力，但 19 世纪 80 年代末到 90 年代，巴黎仍然是一个动荡的城市。保皇派和波拿巴主义者为权力而斗争，同时，一些左翼的极端分子认为无政府状态是取代民主政府的一种重要手段，也是改变社会的一种方式。在这一时期，像鲁昂大教堂这样的历史遗迹被看作是民族主义的象征，代表着传统，基督教价值观中的永恒性在这一时期越来越受到质疑，这并不仅仅是因为科技的进步。

莫奈针对教堂这一主题，分两个阶段完成了绘画。在这之后的几年里，他又重新雕琢这些画，将其变成单一的装饰物。在这个过程中，作品成为一种复杂的记忆和经验的结合体。直到 1895 年 5 月，

马塞尔·普鲁斯特和莫奈

马塞尔·普鲁斯特（Marcel Proust）的《追忆似水年华》用小说的语言重构了自己的过去，他在品尝和回味泡在茶里的马德莱娜小蛋糕时，精彩的记忆扑面而来。像莫奈一样，普鲁斯特明白时间并不是固定的实体，我们对于世界的体验也不是机械而线性的一连串事件，而是像流水一般，具有“持续性”。普鲁斯特通过自己的记忆来保护自我意识，这么做仿佛是对当下悲伤的一种安慰。

莫奈才认为这些画已经完成，达到了展览水平。于是，他又在迪朗-吕埃尔的画廊举办的大型展览中展出了20多幅大胆的作品。这是他三年来第一次参加展览，准备工作让他十分痛苦。迪朗-吕埃尔因为莫奈缓慢的进展感到沮丧而备受煎熬，莫奈——迪朗-吕埃尔的朋友和最有价值的客户——则向吕埃尔解释道：“简而言之，我在追求不可能的事情。”

这次展览是当年巴黎艺术的亮点之一，每个人都去看他的作品，包括像毕沙罗这样的老朋友，和像政治家乔治·克列孟梭、评论家和作家马塞尔·普鲁斯特这样的新朋友。长久以来，普鲁斯特都是莫奈作品的仰慕者。《鲁昂大教堂》甚至在普鲁斯特的杰作《追忆似水年华》里都拥有一席之地：书中人物坎布雷默夫人说：“奇怪的是，我曾经喜欢马奈。但是现在，虽然我仍然喜欢马奈，但我想我更喜欢莫奈。啊！那些教堂！”

克列孟梭和毕沙罗希望国家能买下整个系列来统一保存，但没能办到。展览结束后，这些画就散落各地。至于莫奈，他已经为他剩余的职业生涯制定了工作计划。

Cinq Centimes

L'AURORE

Littéraire, Artistique, Sociale

ERNEST VAUGHAN

J'Accuse...!

LETTRE AU PRÉSIDENT DE LA RÉPUBLIQUE

Par ÉMILE ZOLA

LETTRE

A M. FÉLIX FAURE

Président de la République

左图　1888年1月13日的《黎明报》头版发表了埃米尔·左拉致法兰西共和国总统的著名公开信，指控军队掩盖对犹太军官阿尔弗雷德·德雷福斯的诬告。

从第93页至95页图　这一时期，人们对宗教重拾兴趣和关注，但是，莫奈的画淡化了这一特点，他并没有将大教堂作为社会背景来描画任何事件或风景。大教堂系列画作的每一种变化都是相对简单的色彩在碰撞，形成一种微妙而又丰富的色调交汇。每幅画记录的与其说是这座建筑的特点，不如说是画家眼里和心里不断变化的光线效果。把这些画放在一起欣赏，表现的是这个世界不应被看成简单事物的一个不变实体，而应是一个不稳定、不断变化的东西。

阿尔弗雷德·德雷福斯（1859—1935）

德雷福斯事件是一件政治丑闻，发生于19世纪90年代至20世纪初，最终导致法国社会的分裂。这一事件爆发于1894年，犹太军官阿尔弗雷德·德雷福斯被诬陷叛国。埃米尔·左拉给时任法国总统菲利克斯·富尔写了一封著名的公开信，将这件事带入公众视野。乔治·克列孟梭给这封信起了一个轰动的名字《我控诉！》（*J'accuse*！）。1898年1月13日，这封信发表在《黎明报》（*L'Aurore*）上。

描绘极端天气

“我们把树木、山脉、水和房屋的组合称为风景，它之所以美，并不是因为它本身，而是通过我，通过我自己的优雅和偏爱，通过我对它的想法或感觉而变得美丽。”

夏尔·波德莱尔，《1859 年的巴黎沙龙》

莫奈曾于 1883 至 1884 年和 1888 年来到法国南部、1895 年来到挪威旅行。这期间，他创作了许多描绘欧洲北部和南部极端天气和地形的绘画。这些作品表现了他作为一位真正的印象派画家，对光和视野长久以来的敏感性。1888 年 3 月，他在给贝尔特·莫里索的信中写道：“（在昂蒂布）很困难，但十分美妙、十分温柔，特别是对于我这样喜欢更困难主题的人。”

上图　地中海强烈的光线与法国北部的光线十分不同。在画中，树叶、海洋、距离、景观和天空之间充满反差，每个景物都以鲜明的细节和色彩描绘。

1883 年底，莫奈首次来到法国南部，当时雷诺阿邀请他一同踏上前往里维耶拉[①]的绘画之旅。他们在途中拜会了在莱斯塔克的塞尚。莫奈留在摩纳哥，称其为“地中海最美丽的地方”。后来他独自前往意大利西北部边境的博尔迪盖拉，在那里工作了十个星期，然后又返回法国待了两个星期。莫奈充分表现了普罗旺斯充足的阳光，他那些绚丽多彩的画布昭示了他曾努力让颜料表现地中海明媚的阳光。塞尚和雷诺阿，以及后来的马蒂斯都遇到了同样的挑战。

莫奈在法国南部作画很困难。每一种耀眼的颜色交相辉映，都想盖过周围颜色的光辉，色系几乎到了无法忍受的亮度，才能实现莫奈的想法。和谐与克制这些正常的概念不复存在，莫奈几乎被推到抽象的边缘。与半个世纪前的透纳一样，莫奈再次勇敢地尝试捕捉这种直接的视觉冲击。正如他的画作所表现出来的，只有经过无数次尝试，才能实现这种即时感。

颜色

除了最初的几年，莫奈几乎完全避免使用黑色。他在画布上采用有节奏的笔触制造相互叠加和并列的色斑，由此来创造光影效果。19 世纪 80 年代至 90 年代的画中，这些色斑有时呈现了相当单调的规律性，但它们是他记录空气的一致性效果的方式，并同时让图像变得融洽。莫奈没有采用透视画法，因此，他作品上的表面质量得到了很大提高。

上图　莫奈在极端的热和冷之间旅行，因此这些年的画作显示出令人惊讶的对比。与日本版画一样，单条对角线构图带来令人难忘的主题。

结束第一次法国南部之行回到吉维尼的家中后，莫奈在 1884 年 4 月 27 日给保罗·迪朗-吕埃尔的信中写道：“如你所愿，我明天会过来，但只会带很少的画。我不想冒犯你，但我每一幅画都需要修改……三个月来我一直在不遗余力地工作。我在大自然中作画时从不满足，只有最近几天我来这儿之后，才知道能够做些什么。”

到 19 世纪 80 年代末期至 90 年代初期，莫奈的绘画之旅经常因为越来越多的通信而中断，其中许多的信件来往是因为莫奈决定承担起筹集购买马奈《奥林匹亚》(*Olympia*) 资金的任务。他和其他人都希望国家能买下这幅画，而不被海外买家收购。

莫奈于 1895 年前往挪威旅行创作的绘画是他这一时期最不为人所知的作品。他去挪威是为了看望他的继子雅克和雅克的孩子。雅克与一名挪威寡妇结婚，并成了造船工人。莫奈也许本来就对这个国家感兴趣，因为这是他的密友弗里茨·冯·陶洛的

① 即蔚蓝海岸。——译者注

故乡，但弗里茨住在法国。

抵达挪威最初的兴奋过去之后，莫奈一如既往地因为无法找到任何值得画的东西而感到沮丧：雪太多，没有多少不结冰的水，天气严寒，待在户外作画根本不可能。

雅克把他带到了桑德维肯，距离首都克里斯蒂安尼亚——现在的奥斯陆——不到一小时车程。和以前一样，陌生的东西给他带来了问题：他抱怨天气变化无常，无法正确地描绘带有“眩晕效应”的“无边无际的白色”。但经历很多困难之后，他找到了自己的节奏，并要求迪朗-吕埃尔推迟正在计划的展览，这样他就能完成一些挪威作品，放到展览中展出。

他在挪威度过了两个月，带回了26幅油画，其中至少有9幅并不完整。他对《科尔索斯山》（*Mount Kolsaas*）系列作品特别满意。与他当时的其他作品相比，这座山的系列画作形式和效果都很简单。就像塞尚的《圣维克多山》（*Mont Sainte-Victoire*）系列画作或北斋的富士山图一样，最特别的地方在于壮观的山体以及它俯视、把控周围景观的情景。不断变化的天气条件让山的轮廓在每幅画上都变换了颜色和形式，让这一系列作品成为一曲交响乐。这些画表现了艺术家的个人风格——笔触和色彩的使用——如何成为艺术家受到广泛承认和接受，并能找到销路的标志。风格即是个人与世界真实的互动。

马奈的《奥林匹亚》

当马奈去世时，他的遗孀苏珊娜不得不买下他的《奥林匹亚》。这幅画在1865年巴黎沙龙上引起了争议。1889年，一位美国游客看到它并想买下来。莫奈决定筹集2万法郎，把这幅画留在法国并捐给卢浮宫。他让朋友和同事参与这一项目，但得到的反应不一。最终他还是成功了。经过长时间的谈判，莫奈与相关当局达成协议，《奥林匹亚》被安置在卢森堡博物馆①，之后可能被转移至卢浮宫。

① 卢森堡博物馆，位于法国巴黎六区法国参议院所在地卢森堡宫，并由参议院管辖。目前，卢森堡博物馆为举办定期展览的场所。——译者注

上图　北斋富士山图的醒目轮廓是莫奈于 1895 年描绘挪威科尔索斯山的起点，也是从这里开始，他很不寻常地使用了边界轮廓和简单的封闭颜色的区块。

对页左图 《奥林匹亚》的模特是一名妓女，加上她毫无遮挡的裸体和令人不安的凝视，使马奈的《奥林匹亚》成为现代艺术的一个重要标志，也让画家成为有史以来最具创新精神的艺术家之一。

对页右上图　在 1831 年的版画中，北斋使用预先调制好的墨水来制造云层突破富士山火山岩层的景象，这与莫奈的绘画技术相去甚远。

上图　用轻快的笔刷描绘的挪威的一处场景，是半描半画的结果。冷色调和整洁的构图传达出冷酷和孤立的感觉。莫奈没有在画上签名。在他去世后，画上印上了他画室的印章。

对页图　太阳的棱镜效应企图穿透伦敦的层层迷雾，给这幅 1904 年所绘的新哥特式议会大厦图画增添了一分鬼魅且魔幻的气息。

伦敦

“起床时，我惊讶地发现竟然没有雾，甚至连雾的影子也见不到。我绝望透顶……但是慢慢地，烟和雾又回来了。”

莫奈写给妻子艾丽丝的信

莫奈喜欢伦敦。他第一次来这座城市是 19 世纪 70 年代。当时，他喜欢透纳的画，也画过泰晤士河和伦敦的公园。在最后一次参观伦敦的时候，他见证了维多利亚女王的葬礼，后来还特别

安德烈·德兰（1880—1954）

在他的导师亨利·马蒂斯（Henri Matisse）和朋友莫里斯·德·弗拉曼克（Maurice de Vlaminck）的帮助下，德兰有意识地尝试将印象主义艺术发展成某种适合新世纪的东西。他们称之为野兽派（Fauves）。德兰出生在法国，在色彩的大胆运用方面深受塞尚和非洲艺术的影响。他将野兽派的探索称为“一场火灾般的磨难……我们再也无法站在足够远的地方看清事实，并且轻松地换位思考。色彩变成了炸药棒，准备大放异彩。”

上图　安德烈·德兰（André Derain）的艺术经纪人沃拉尔（Vollard）到伦敦，去追随莫奈的脚步。他通过凡·高（van Gogh）的视角来审视莫奈的艺术。莫奈所画的不是所见，而是所感，正如这幅 1906 年画的《议会大厦》。

对页上图　《阴天的滑铁卢大桥》（*Waterloo Bridge*, *Cloudy Day*, 1900）是一幅完整的作品，表面有一层杂色的颜料，薄薄地涂在厚厚的颜料层上。很显然，莫奈很喜欢伦敦大雾的效果。

对页左下图　1899 年，莫奈在荣誉巅峰时期的严肃照片，由他的老朋友纳达尔拍摄。

后悔没能描绘这一幕。他多次来到伦敦，表明他对这座城市的热爱，这种爱，并非为它的内在美，也不为它的建筑，而是因为它变幻的天气，尤其是它的雾。伦敦的雾非常频繁，尤其是著名的黄色浓雾，这并非由天气造成，而是由这座城市的重度污染带来的。

莫奈在 1898 年 11 月抵达伦敦。之所以再次到访，是因为他的儿子米歇尔病倒在这里。他知道，他的很多朋友，如斯特凡纳·马拉梅和詹姆斯·麦克尼尔·惠斯勒，对这座巨大城市的神秘空气尤为喜爱。1885 年，惠斯勒发表了著名的演讲《十点钟的阅读》（*Ten o'clock lecture*），讲述了这座城市诗意的美丽及其对艺术家的意义。这次演讲的手稿最先于 1885 年私下里出版，后来于 1888 年全部公开发表。莫奈对演讲内容非常清楚，他读过马拉梅的法文译稿。演讲的基调和莫奈的艺术追求不谋而合。

“当夜晚的浓雾诗意地笼罩在河边，仿佛一层面纱，破败的楼房也消失在昏暗的天空里，高耸的烟囱变成了钟楼，仓库变成了夜里的宫殿，整个城市仿佛天堂一般，极乐之地就在我们面前。”

莫奈于 1898 年 11 月抵达伦敦时，住在萨瓦酒店（Savoy Hotel），他总是住最好的酒店。后来，他又回了伦敦三次：1899 年 9 月到 10 月，1900 年 2 月初到 4 月初，以及 1901 年 1 月，一直待到 3 月底。他的老朋友，美国画家约翰·辛格·萨金特（John Singer Sargent）当时是英格兰非常时尚的描绘社会的画家，全程为莫奈做了安排。在几次到访期间，

莫奈完成了25幅描绘泰晤士河的画作，和他的偶像透纳和惠斯勒一样，成了这条河最伟大的视觉诗人。

冬季，伦敦的烟囱在每一天都要排放大量煤烟，雾因此被染成黑色，莫奈于是运用雾的遮幕效应来表现画中棱镜折射的效果。他高效地工作，根据天气的变化，从通常位于萨瓦酒店顶层的工作室里成堆的画布中精挑细选，以便他选定的视角可以“在一天里的任何时刻，在所有条件都合适的情况下”速写出来，而正是窗外光线和空气的变化，营造出所有的和谐场景。

莫奈给他的作品起名为《议会大厦“玫瑰交响曲”》（*Houses of Parliament* “*Symphonie en rose*”），有意效仿惠斯勒的作品名称。就像惠斯勒的画作一样，这些画不是对视觉的记录，而是充满了诗意的情感，是记忆和想象的产物，来自对事物外观的深刻了解。显然，这些画连续影响了数代艺术家，比如野兽派运动

约翰·辛格·萨金特（1856—1925）

约翰·辛格·萨金特出生于意大利，父母是美国人，他在佛罗伦萨和巴黎学习绘画。萨金特很快和印象派画家成为朋友，尤其是莫奈。萨金特先后画了几幅莫奈在自家花园里工作时的画像，先是在阿让特伊，然后是在吉维尼。他延续了委拉斯开兹和马奈的现实主义传统，成为杰出的画家。1884年，他的一幅肖像画没有被巴黎沙龙接收，于是失望地离开巴黎去往伦敦。在伦敦，他因肖像画成名。和其他艺术家不同，萨金特让爱德华时代（Edwardian age）的富人和名流焕发出更多的视觉风格和魅力。

（Fauve movement）的领军人物安德烈·德兰。

莫奈非常喜欢看到这座现实中平淡无奇的首都是如何被浓雾所改变的。他惊讶地发现，英格兰的艺术家更喜欢一砖一瓦地描画这座城市。他写道："我非常喜爱伦敦，但仅仅只爱冬天的伦敦。雾给了这座城市深度。在这件神秘的斗篷里，规整而密集的街区变得广阔起来。"

1904年5月9日，莫奈在巴黎迪朗-吕埃尔的画廊举办的展览上展出了自己37幅泰晤士河风景画。在伦敦"狂热"地开始这些创作之后，莫奈又花了三年多时间来完成这些画，大部分作品是莫奈花了大力气，克服困难在吉维尼小镇的画室里完成的，距离它们的创作源泉十分遥远。这次展览取得了商业上关键性的成功。

上图　萨金特的这幅自画像很有说服力。显然，这是对马奈大胆技术进行的一次温和改造。为了迎合他的赞助商，这幅画没有表现出印象派大胆的用色和手法。

下图　在《查令十字桥习作》（*Study for Charring Cross Bridge*，1899—1901）中，莫奈用了薄薄的蓝色涂料作为底色。城市景观里的所有元素都融为一体，可以进行后续处理。

艺术作品般的花园

“我最棒的艺术作品，就是我的花园。”

莫奈致继子让–皮埃尔·奥谢德

莫奈于 1883 年 4 月在吉维尼小镇租了大片土地。这是一个坐落在塞纳河谷缓坡地带的小镇，距离巴黎西北部 73.5 公里。吉维尼的埃普特河正好穿过莫奈那片土地前的大草地，之后汇入

上图 《睡莲池：粉色的和谐》（*Water Lily Pond: Pink Harmony*）完成于 1900 年。莫奈乐于在画中制造一种视觉碰撞的效果，而景物本身又十分和谐美丽。

上图　莫奈戴着葬礼上的臂纱，站在他的日本桥上。经过改造，这座桥简单的构造可以承载藤萝的重量。这张照片表现了现已成形的花园里茂密的植物。

上图　莫奈视力衰退，单眼失明，只能站在他的花园里感受着他几乎看不到的一切。

下图　莫奈的画——比如这张 1889 年的《克勒兹河谷》（*Creuse Valley*）——是在户外创作，之后在画室加工而成的。其目的是创造出色彩的和谐，给予每幅画不同的心境和气氛。

对页图　绘画和素描的元素结合在这幅充满活力的草图中。作品以左边的龙舌兰花命名。莫奈以弧线确定了盘状睡莲的位置，水、天空和绿植倒影的两种颜色被迅速刷抹在画布上。

莫奈成功的回顾展

1889 年，莫奈和雕刻家罗丹的主要作品回顾展在巴黎举办。这可以看作是一场革命的庆典，即印象主义为艺术所带来的革命。这场成功的展览在乔治·珀蒂的画廊举行。莫奈展出了 60 多幅作品，其中包括 5 幅在克勒兹河谷完成的作品，表达了河谷《圣经》般的神秘。小说家和批评家奥克塔夫·米尔博称之为“悲凉的风景”。

塞纳河。在吉维尼最初那几年，莫奈曾对花园的构造做出过一些调整，并且将房子里最大的一间屋子作为画室。直到 1890 年 11 月，莫奈在迪朗-吕埃尔的资助下买下这片土地后，才开始对花园进行大面积翻修。

购置吉维尼的房产标志着莫奈开启了生命中一个全新而更稳定的阶段。1891 年，埃内斯特·奥谢德去世，这意味着他和艾丽丝的关系至少可以正常了。1892 年 7 月，他们在吉维尼小镇结婚。他们婚礼后几天，莫奈的继女苏珊也结婚了。她之前和一位美国画家西奥多·巴特勒就已经相爱。吉维尼有一群美国艺术家，搬到这里就是为了接近印象派大师，而巴特勒便是他们中的一员。莫奈起初很反对这桩婚事，因为巴特勒不仅是美国人，而且还是个画家，莫奈甚至想过举家搬离吉维尼小镇。但是看到他们如此相爱后，莫奈心软了。莫奈在吉维尼度

1889 年：大革命一百周年

为了庆祝法国大革命一百周年，法国举办了大型的世界博览会。对于大多数参观者来说，世博会之星是居斯塔夫·埃菲尔的铁塔。但是，对于莫奈来说，令人印象最深刻的展品却来自日本：一座日本花园和一个日本版画展。这两者皆影响了他对吉维尼花园造型的思考。在他房子里，黄色餐厅的墙上挂满了日本版画。

过了余生，专心致志地将这栋带苹果园的传统诺曼底风格的房子改造成一件生动的艺术品。这个环境孕育出 20 世纪最优秀、最具有影响力的画作。

几年来，莫奈在他的土地上修建了颇多建筑，先是一个大车库，接着是楼上的画室和花房。在蓖麻岛上还有一间船坞，他在那里存放着自己收藏的船只，这些船只对他游湖作画非常必要。1915 年，第一次世界大战的战火烧到几英里外，莫奈修建了一间非常大的画室，完成了他最后的鸿篇巨制《睡莲》(*Water Lily*)。

然而，莫奈付出心血最多的，却是设计他的花园。在居斯塔夫·卡耶博特这样的老朋友的帮助下，莫奈开始雕琢他的花园。卡耶博特曾划着他的船“开口松饼[①]号”来到吉维尼小镇。在全职首席园丁菲利克斯·布勒伊和其他五位园丁（他们早晨的工作就是清除过路的火车留在残叶和鲜花上的灰尘）的帮助下，莫奈将围绕着他房子的园子改造成真正意义上的花园，花圃间的小道非常规整，蔓生的天竺葵和旱金莲却让它们显得分外柔和。常年种着各种鲜花、树木，带给花园丰富色彩和不同的造型，包括日本樱桃树、苹果树和多年生的植物。草地的边缘则种满了鸢尾花和罂粟花。

1891 年，他又买下穿过他房子和花园的马路和铁轨另一侧的土地。莫奈从 1889 年巴黎世博会上看到的日本花园和他收藏的日本版画中汲取灵感，开始打造一个水上花园。花园里有一座日本步行桥，一直通到他睡莲池塘的尽头。当季时节，桥上会垂满蓝白色的藤萝。这是他为自己创造的一个冥想和放空的地方，是他在天地间的一方小天地。

池塘本身比在莫奈的画里看上去更小一些，但池塘边的树丛和水面上的倒影，再缀以异国品种的睡莲，让这空间反而显得无穷大。像莫奈无数次站在岸边那样，今天的游客也会很快迷失在这个神秘、封闭、满是倒影和光线的世界里。在这里，时间和空间的传统理解完全消失。

---

① “开口松饼”实际上是法国南部塔恩省的一种甜点，形状像咧开嘴的纸杯蛋糕。——译者注

在吉维尼，莫奈营造出一个受管控的环境来愉悦自己的眼睛。它随着季节的变化而变化，随着天气的变化而变化，甚至在一天内的不同时段也有不同的变化。水、土、景色、光线、结构和倒影共同呈现在一个流动的空间里，永远变化着，而他是这一切的主宰。莫奈关于这座花园的画作将所有一切融为一体：水、天空、云朵和树叶被环境统一起来，营造出一种不可侵犯的协调感，所有事物都息息相关，在统一的笔触中成形。

上图　莫奈对他的房子和花园充满了骄傲。他喜爱的东方瓷盆搁在通往房子的台阶下方。这是色彩、光线和造型的世界，也反映了他对绘画永恒的热情。

右图　莫奈生命中最后四分之一的时间精心设计的吉维尼花园是他主要的素材来源。鸢尾、睡莲、低垂的柳树都倒映在池塘里如镜般纹丝不动的水面上。

对页左上图　在吉维尼房子的餐厅里，日本版画挂在黄色的墙壁上，内饰的每一部分都搭配得非常协调，充满了家庭的乐趣。

睡莲：水和倒影

“对水和倒影的风景画如痴如醉……”

1908年6月至8月，致热弗鲁瓦

莫奈很少对信手拈来的事物感到满意。所以，他终其一生都在观察水在不同形态下的各种变化景象。他也从未到达过下笔即完美的境界。他在1903年开始画《睡莲》系列的第一幅作品，但是直到1909年才得以进行展览。那一年，48幅睡莲图在巴黎的迪朗-吕埃尔美术廊展出，广受批评家和公众好评。他在1909年写给乔治·克列孟梭的信中表示，自己唯一的心愿就是，“……和大自然融为一体，按照自然法则来工作和生活”。

在莫奈生命中的最后三十年里，他绘画的主要

右图　这张照片表现了莫奈花园如何慢慢发展出画里那些丰富内涵的。这座桥现在仍是它最初的模样，当时还没有挂满藤萝的上层结构。

下图　莫奈在这幅 1914 年至 1917 年完成的作品中传达出一种视觉的直观性。在这里，我们俯视池塘水面，平坦的画布仿佛代表着池塘平静的水面。

对页图　这座日本桥简单的弧形创造了一种平衡的构图。莫奈在不同的观景条件下画了很多版日本桥。这一幅 1899 年的作品以绿色为主色调，并缀以其他鲜明色彩的斑点。

了音乐。毫不意外，莫奈的作品吸引并启发了音乐家和作曲家，其中最主要的是克洛德·德彪西。

莫奈最希望给人以纯净的感觉。他的朋友，美国艺术家莉拉·卡伯特·佩里记得他曾经说过，他“希望自己生来就是一个盲人，然后，突然间获得视力，在了解眼前的这些事物之前开始画画。他坚持认为，看到事物的第一眼可能是最真实最无偏见的一刻”。莫奈的艺术是一串连续的手法，解决了这一矛盾：我们用眼睛看，却用大脑思考。

莫奈并非故意成为一位隐晦的画家，他只是单纯地尝试描绘某种视觉上的体验，就像康斯太布

克洛德·德彪西（1862—1918）

作为一个深受瓦格纳影响的创新型作曲家，克洛德·德彪西从未忘记1889年在巴黎世博会上听到的日本音乐。这位法国作曲家的作品用一种全新的方式，突出了遐想性和流动性，并且注重情绪的发展和音乐的色彩，这预示着后浪漫主义音乐向现代音乐的转变。“我正在尝试不同的东西，它们称之为印象主义。”他在1908年写道。他深受视觉艺术和诗歌的影响，比如莫奈。他尤其喜欢透纳和北斋，以及马拉梅的诗歌。

对象就是他的睡莲池。他年复一年地钻研这些画，池塘的水逐渐扩大到整块画布，而树木、植物、云彩和天空则只出现在倒影中。透过水面，睡莲开了，天空如镜，云朵飘浮。

莫奈的画，无论是早年间标准尺寸的画作，还是晚年间数米宽的大幅画作，上面都有手的痕迹，因为他的画笔拂过画布表面时，如同一阵清风拂过池塘的水面。它们不仅仅是睡莲清晰抑或模糊的倒影，从某种程度上，也是莫奈自己、自然、时间和经历的倒影。这些景色也只能通过艺术的方式来陈述和交流，因为没法用其他方式来表达——也许除

睡莲

睡莲在植物学上的名字叫做“Nymphaeaceae”。莫奈在1889年巴黎世博会上看到一大片各种颜色的睡莲之后，才受到启发将它们种到了自家的花园里。睡莲在18世纪晚期引进欧洲后传播开来，但需要精心呵护。睡莲扎根于泥土，但是叶子和花浮在水面上。花期是6月到9月，每朵花都是早上盛开，傍晚闭拢，持续2至5天。

上图　莫奈在一幅画作中对睡莲的特写，表现了花的精美和多彩。

尔、透纳、塞尚和德加那样，而非捕捉一个孤立事件中单独的一个瞬间，一个照片定格，这是人类从未体验过的。相反，他寻求对视觉和体验本质的更深层次的思考。我们通过记忆和体验来理解生命，这是一种主观上的回应，这些画作便将这种理解转化成了颜料。这些画是在寻找最合适的方式，表现对偶然而复杂的视野和经验不停发展的理解。这种理解随着时间推进，也许可以通过绘画来表达。

莫奈一直不喜欢对他的作品进行任何知识性或形而上的解读。不过，他的画总是提醒我们，最简单的行为会在想象中产生共鸣，并孕育出超然的观念、体验和经验。这个辞世已久的男人所留下的印记至今仍然和我们同在，回答着对那一潭封闭的池水更深层次的思考。当看到这些作品时，我们的记忆会被唤醒，我们会惊讶于艺术的力量，它能让一个人的感受变成一种超越时间和空间的共情。

上图　莫奈早期的作品全靠手腕的灵巧来完成。年老之后，他依靠整个身体来作画，将眼前所有的不同元素全部融为一个漂亮的整体。

莫奈在威尼斯

“就好像玫瑰色和蓝色的墙漂浮在水上。”

亨利·格勒内（Henri Grenet），1912 年

莫奈的威尼斯之行迫在眉睫，但他一直拖了很久才出发，因为威尼斯是欧洲传统色彩大师之城，其中包括乔尔乔内、提香和委罗内塞。在近代，威尼斯也给透纳、惠斯勒和马奈，以及莫奈的好友雷诺阿和萨金特带来过灵感。

1908 年 9 月末，莫奈与艾丽丝共赴威尼斯，只是想从他

上图　莫奈大胆地将巴巴罗宫的建筑群置于构图的上半部分。贡多拉小船的黑色影子慢慢漂向建筑和水流的交界处。

左图　1908 年，莫奈在威尼斯所绘的巴巴罗宫草图。莫奈已经开始注意到，宫殿和附近建筑中间窄缝的阴影周围出现了色调的变化。

威尼斯和艺术家

直到今天，威尼斯特殊的气候、美丽的建筑和杰出的艺术遗产仍吸引着艺术家来到它的身边。文艺复兴时期，像贝利尼、乔尔乔内和提香这样的艺术家树立了榜样，他们将艺术建立在色彩和光线的基础之上，而不像佛罗伦萨人那样偏爱僵硬的线条；18 世纪，加纳莱托和瓜尔迪用绘画庆祝了节日、建筑和未来；19 世纪，英格兰艺术家波宁顿和其他浪漫主义艺术家为威尼斯的光线和异国情调而欢呼。但是，对于透纳来说，威尼斯不仅风景如画，同时也庄重肃穆，它是人类无力对抗时间和自然的一个例证。在他的作品里，威尼斯是历史循环往复的象征，代表了帝国的崛起和覆灭。

的花园和睡莲池塘里解脱一会儿。最后，他们一直待到 12 月初。一开始，莫奈和艾丽丝完全是怀着典型的游客心态，一边聊天，一边从大运河上雄伟的巴巴罗宫出发，欣赏这座城市的风景，巴巴罗宫当时为萨金特一位朋友所有。但不久以后，威尼斯那建筑和流水反射的光线，那潮乎乎带有神奇魔力的空气，让莫奈滞留了足够长的时间来捕捉这段经历。他开始后悔没有在他绘画生涯中早点来到这座城市。艾丽丝说，这座城市“抓住了他”，不让他走。威尼斯似乎给了莫奈很多惊喜，他自己也曾提到，他对这座城市“赞不绝口”，为它的建筑风格

上图　一幅严肃的大幅素描，贡多拉小船独特的苍白阴影和光秃秃的画布，表现出晨光的熹微。

上图　一张莫奈夫妇度假时的照片，令人心动，拍摄于艾丽丝去世前三年。作为游客，莫奈看起来似乎有点不自在。

所倾倒，肯定也让他想起了他曾多次描绘过的鲁昂大教堂的宏伟的外墙。

他从巴黎订购了好几箱画布，因为随身携带的画布不多，需要一点补给。然后，他才开始投入工作。

太多伟大的艺术家都曾先于莫奈在威尼斯画过画，这座城市于他而言是一个特别的挑战。他总是很难去适应绘画的新素材、光线反射在水面的新效果，以及这座城市的华丽建筑。面对这个挑战，他在威尼斯的画布上运用了紫色、珊瑚粉和海蓝宝绿。正如他所习惯的那样，他描画不同的主题，也在不同的时间和不同的天气条件下作画。但是，他以前围绕一个主题画好几十幅素描的习惯——就像他画的干草堆和泰晤士河一样——在这里却不合实际，一部分原因是他不得不在码头上、巴巴罗宫的台阶上，或者在波涛上晃动的贡多拉小船上架设画架。

莫奈和亲友在12月7日从热那亚和博尔迪盖拉（莫奈自1884年以后就没有再去过）开启了法国之行。他们去了滨海卡涅旅行。在那里，他们拜访了雷诺阿，当时雷诺阿已罹患关节炎，但仍坚持画画，不久就只能依赖轮椅生活了。

莫奈只在威尼斯作画，笼统地称其为“记录”“习作”“开端”。回到吉维尼的画室后，他开始零零星星地花了三年时间来对这些画精雕细琢，他担心这些作品的质量，在写给迪朗-吕埃尔的信中说，大自然“复仇了”。最终，他完成了37幅画作，只有2幅的构图是在画室里完成的。其中，29幅被贝尔南-热纳画廊和迪朗-吕埃尔买走。1912年5月至6月，所有的画都在贝尔南-热纳画廊里展出，深受好评。展览的名字很简单，叫“莫奈和威尼斯”。这些作品很像他的《埃普特河的白杨树》（*Poplars on the Epte*）和《塞纳河的早晨》。这些画细致入微地把老城磨损的几何形状表现出来，当光线投在建筑表面时，形成光影和颜色的对比，让人觉得眼前的建筑经过时间打磨，仿佛飘浮在天地之间，被水擒住，在直射光和反射光的不断变换下，变得生动起来。

莫奈付出了很大心血才达成自己的愿景，他很清楚自己威尼斯作品的价值。之后，他评论说：“我一直都在想着逐步实现自我满足，并且，最终的成果还是不错的。”

上图　在这彩虹色的画布上，莫奈对倒影的处理是随性的，大群建筑在波光粼粼的水面上没有留下明显的痕迹。

上图 《圣萨鲁特河》(*Rio de Santa Salute*，1908) 的视角非常靠近主题，就像是莫奈走进了雷诺阿斑斓的画布一样。在画布的右下角，可以看见一个小小的贡多拉船夫，给这幅画带来了意想不到的人情味。

20世纪的莫奈

“莫奈只是一只眼睛，但上帝啊，这是只怎样的眼睛啊！”

塞尚描述莫奈

19 世纪过去，20 世纪到来，莫奈已经名满天下，但他还是一如既往地努力工作。他也承认，“让我满意越来越难，这时不时地就会让我心碎”。在 1907 至 1908 年间，他开始担忧自己不断减退的视力，并且对作品的质量和发展方向感到焦虑。1907 年 4 月，他取消了一个策划很久的睡莲画展，销毁了大约 30 幅画。

艾丽丝在 1908 年早秋把莫奈带去了威尼斯，就像她曾说过的那样，很大程度上是为了让他远离“永恒的睡莲”。他们回来后，莫奈发现自己能够以一种“全新的眼光”来打量自己的作品。他感到沮丧，并开始修改他的睡莲图。1909 年 5 月，备受期待而姗姗来迟的展览“水景和睡莲”最终在迪朗-

上图　现在，戴着眼镜的老年莫奈凝视着远方，这是他最后拍摄的照片之一。

下图　悬吊的藤萝花丛在蓝天下舞动。这是一幅创新性十足的画，完成于 1919 年至 1920 年。这幅画让人想起中国风景画的协调性，以及 20 世纪 40 年代至 50 年代美国抽象派画家的风格。

上图　莫奈的这些作品开始于第一次世界大战期间最黑暗的日子，带给人以某种形式上必要的安慰，哪怕非常轻微，因为人总是倾向于带给别人暴力、煎熬和悲伤。

波德莱尔的告别词

莫奈应该非常熟悉波德莱尔《旅行》一诗中的这几行：

> 来吧，老船长，死亡，时间到了！快点起锚！
> 我们厌倦了这片土地，啊，死亡！开始航行！
> 尽管天空和大海黑如墨汁，
> 你知道，我们的心里充满了光明！
> 请把让人欣慰的毒药倒给我们！
> 我们希望，烈火在头脑中燃烧，
> 跳进海湾的深处，不管是天堂还是地狱，又有什么要紧？
> 跳进未知世界的深处去寻找新奇！

吕埃尔的画廊开幕了，受到广泛好评。

1911年，艾丽丝去世，这击垮了莫奈。他因此病了一段时间："我深爱的伴侣死了，我也大受打击。"莫奈从来不是一个容易相处的人，过去的几年里，他对夫人处处苛求，她为他生儿育女。现在她死了，莫奈也随之陷入绝望。他觉得自己再也无法进行新的创作，并且那些已经完成的作品也有被毁掉的危险。1912年，另一件令他伤心的事发生了：一次可怕的暴风雨给他的花园造成了严重的损害。此外，他还非常担心儿子让的精神问题和自己不断恶化的眼疾。尽管被确诊为白内障，但他拒绝接受手术。1914年，悲剧再一次降临，让突然死了。他的遗孀，莫奈的继女布朗什·奥谢德成为他在吉维尼的管家和工作助理。布朗什从少女时代开始，就非正式地承担起了这些责任。

尽管困难重重，莫奈仍继续画画，同时也开始消遣。在数不清的私人生活照中，他那肥胖的身材常被抓拍到，包括他的汽车和他的朋友。甚至在萨沙·吉特里（Sacha Guitry）的电影里，都留下了勃纳尔、维亚尔和弗拉曼克来拜访时莫奈的身影。他以独特的方式给后世留下自己存在的痕迹，也应了克列孟梭给老朋友所起的绰号："讨厌的刺猬"。但是，那些年确实很艰难，他曾经自我批评，觉得自己越来越孤独：1906年，塞尚去世；1917年，德加去世；1919年，雷诺阿去世。

1918年，第一次世界大战临近结束时，莫奈的视力严重衰退。即使戴上特制的眼镜，他也只有在强光条件下才能工作。到1923年，他完全瞎了，于是接受对右眼的手术，视力提高了一些。虽然带着明显的低落情绪，但他又能够精力旺盛地作画。部分恢复的视力给他带来的不是对花园宁静或哀怨的追思，而是生气勃勃举世无双的作品：这些晚期作品完全处于失控的状态，植物乱成一团，物体糅在一起，在疯狂的颜料中失去了自己的原样。讽刺的是，这正是他曾经所希望的：彻底瞎掉以后，随着视力的修复，他想呈现给观众的不是一种深入自然的安静的思考，而是直接表现事物强烈的差异性。

在最后几年里，莫奈只画花园和花园里的事物。他彻彻底底地沉迷了，把自己的画布变成他一生中最重要的两件事的结合点：观察和绘画。外面的世界和与之相关的一切都散去了，对绘画这种行为的持续性思考占据了他生命中最核心的位置。莫奈晚期的许多作品都没有画完，这些画让现代人联想到

上图　就像晚年的提香或伦勃朗一样，老人们那些生气勃勃的绘画中也有一些奇妙和带有一丝可怕的地方。在几乎失明的情况下，莫奈在他1922年至1924年所绘的玫瑰花园图中，用光辉的漩涡和交错的色彩怒气冲冲地对抗着光的消亡。

中国山水画富有感染力和简洁性的特点。这些作品，就像是风景画一样，尤其呼应了塞尚的那句名言：“莫奈只是一只眼睛，但上帝啊，这是只怎样的眼睛啊！”

1926年10月4日，在他的最后一封信中，他动情地写道，他还能继续工作，但只能“少量地工作”。两个月后，也就是12月5日，他安详地去世，床边还放着一本波德莱尔的诗集。莫奈不是信教的人，他的葬礼在吉维尼举行，没有祈祷。许多朋友都参加了他的葬礼，包括他始终忠实的朋友克列孟梭。按照他自己的要求，葬礼上也没有鲜花，因为“为这样的场合掠夺我园里的鲜花是一种亵渎”。他与艾丽丝、艾丽丝的首任丈夫埃内斯特，以及他们的孩子合葬在吉维尼教堂东侧的墓地里。

莫奈的眼睛

莫奈“害怕理论”，他将绘画发展成持久的观察。但是，和德加及玛丽·卡萨特一样，随着年龄增长，莫奈的视力出现了问题，他的色觉被扭曲。他的左眼还有些视力，但是右眼完全瞎了。他佩戴了特制的眼镜，曲面的绿透镜片用于纠正左眼的色差，不透明的镜片用于失明的眼睛。他不得不根据自己的记忆来作画，也会描绘残眼所能瞥见的事物。

上图　莫奈的绿色眼镜，表明他深受视力问题的困扰。

下图　莫奈的墓碑，紧邻他的妻子艾丽丝。墓碑上写道：“我们爱戴的克洛德·莫奈长眠于此，生于1840年11月14日，故于1926年12月5日，每个人都怀念他。”

橘园美术馆的睡莲

“我曾很想在一间屋子里以睡莲作为唯一的装饰主题。沿着墙壁，用睡莲这单一的图案来包围它们……这间屋子位于鲜花水族馆的正中间，给人提供了一个静心思考的避难所。”

莫奈，引自罗杰·马克思，《莫奈先生的“睡莲”》，1909 年 7 月

莫奈一直被一个想法打动，那就是将他的作品按照图案的顺序排列。1898 年，记者莫里斯·吉耶莫写道：“想象一间圆形的屋子……满是水，水上缀着植物……绿色和紫红色交错，纹丝不动的水面上是大片的花朵，平静而安宁。”20 世纪初的几年，莫奈断断续续地按照这个想法工作。1914 年 8 月，一战爆发，莫奈的私人世界被打乱了。他的儿子米歇尔自愿参军入伍，奔赴凡尔登。在画室或者花园里工作时，莫奈可以听到几公里外的炮火声。他尘世中的乐园被玷污了：在穿过花园和池塘时，他可以看到、听到满载伤员的火车开往巴黎，并将新的军需物资运往不断被包围的法军阵地。

作为一名真正的爱国者，他决定继续留在吉维尼工作，为睡莲项目做更大的规划。那时，74 岁的他决定向法国政府捐赠其中的两幅画，以纪念那些在战争中牺牲的法国士兵。三十年后，他的梦想实现了。安静的池塘占据了整块画布，水塘上缀满了

对页图：构图中旋转又开放的形状和强烈的韵律感让我们想起莫奈对新艺术的亲近，以及大自然本身无穷的力量。令人惊叹的冷色调搭配，以及画布上具有方向性的笔法，暗示了所倒映景色的形状，以及水面的平稳。

下图　歌川广重（Hiroshige）笔下三幅一体的《金泽之月夜》（*Panorama of Views of Kanazawa Under Full Moon*，1857）。每一单幅画都是更大、更协调的整体的一部分。这幅画色彩柔和，构图的比例也十分优雅。尽管人为色彩非常明显，但它保留了真实的经历。

来自远东的影响

莫奈许多晚期的作品都没有完成，让许多现代人联想到日本和中国的山水画和诗歌中的联想和留白。例如，莫奈很可能知道仙崖义梵的这首名诗：

> “松尾芭蕉的青蛙”
> 露水打湿的池塘边
> 悬崖的阴影下面
> 寺庙的门外
> 一只青蛙跳，扑通！
> 惊着了诗人，
> 吓落了画笔。

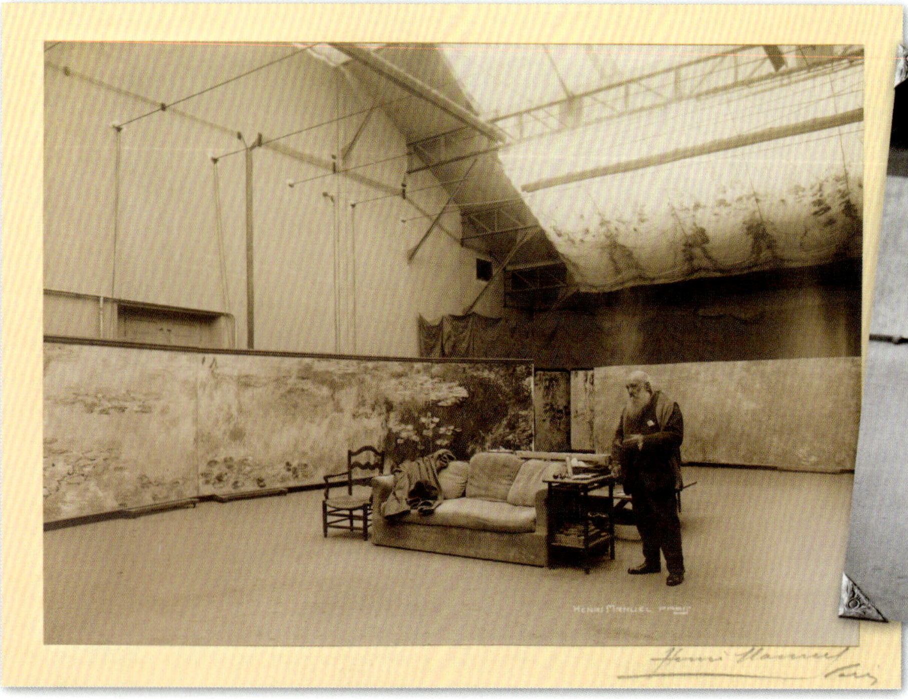

上图　莫奈的大画室（1920），专为画《睡莲》系列而建。画室用了一套复杂的百叶窗系统来调节光线，这个创意也许是来自惠斯勒。

上图　莫奈嘴上永远都叼着香烟。此时，他手握画笔，站在一幅睡莲画前。它提醒着人们，这样的作品其实是视野、记忆和技巧共同作用的结果。

睡莲，为冲突的疯狂和随之而来的人间惨剧营造出一种下意识的平衡。莫奈在两种状态之间摇摆：时不时情绪高涨和长时间的深度抑郁。他身边的朋友都十分支持他，其中就有时任法国总理的乔治·克列孟梭。

1915 年，战火逼近吉维尼，莫奈还是寻到了充足的建筑材料来修建他的第三间画室。这间画室非常大，他在那里钻研新的系列作品。接下来的几年，是奋斗的几年，他完成了让自己满意的画作。1922 年 5 月，他告诉克列孟梭，他几乎看不见了。第二年，即使他的视力恢复到了差不多的水平，他还是觉得无法履行自己的诺言，完成这个系列作品，也把这件事告诉了克列孟梭。但是，前总理“法兰西之虎”的绰号并不是浪得虚名，他在 1925 年 1 月 7 日回复莫奈说，我不管你有多老，有多累，也不管你是不是艺术家，你没有权利违背你的诺言，尤其是对法国的诺言。

最后，莫奈完成了所有作品。年老的莫奈实现了无数印象派大师和批评家的野心，将他们的艺术名留青史，就像塞尚回忆的那样，“像博物馆里的艺术那样坚固和恒久”。没有任何话语会扰乱这平静的水面，它们散发着道德的威严。这是一位老人最后的讲述：这个人，终其一生都在观察这个世界，当他风烛残年时，才了解，自己抑或他人都对这个世界所知甚少。它们是对人间悲欢的抒情式回答，它们的权威和力量，以及对光线消亡的拒绝都是伟大的。当我们站在这些画前，盯着水面，揣测水深时，我们就像池塘的水面那样，不由得去反射和接收，这个世界真实的影像变成了画，通过我们的视觉变得清楚明了。

1927 年 5 月 17 日，莫奈的睡莲画展作为献给国家的礼物，在专门修建的橘园美术馆[①]里开幕。橘园美术馆位于巴黎市中心，坐落在他深爱的塞纳河畔。

最近，美术馆内部经过重新整修，让这些画在自然光线下也能被人欣赏，而在此之前是不可能的。现在，我们非常清楚，这些画就是莫奈所兑现的诺言：他人生旅途中最合适的结局。这些作品既十分私密，又无限公开，代表了莫奈的决心和救赎，也是对视觉和经验奥秘的最后总结。这是一项成就，他将自己当作一种平衡，与人类最黑暗行为的罪孽做斗争，就像毕加索的《格尔尼卡》（*Guernica*）和巴赫的音乐一样。

乔治·克列孟梭（1841—1929）

乔治·克列孟梭曾分别在 1906 至 1909 年间和 1917 至 1920 年间担任法国总理，被人亲切地称为“法兰西之虎”，领导了动荡中的法国。克列孟梭终身都是社会党人，并且是阿尔弗雷德·德雷福斯有力的捍卫者。他自己拥有一家报社。作为莫奈的密友，他非常欣赏莫奈的作品。1895 年，他曾在《公平报》（*La Justice*）的头版上据理力争，说法国政府应该买下莫奈那 20 幅鲁昂大教堂的画。如果没有克列孟梭的支持，莫奈也许不可能完成他伟大的《睡莲》系列。

① 橘园美术馆坐落在巴黎中心地带的杜伊勒里花园中，始建于 16 世纪后期。1918 年，莫奈决定把他的《睡莲》捐赠给法国政府，成为橘园美术馆的招牌展示品；此外，美术馆中还藏有塞尚、雷诺阿、毕加索、高更等人的作品。——译者注

下图　几乎没有什么画作能比莫奈对吉维尼池塘的大幅描绘更让人联想到音乐了，就像这幅《睡莲》系列中的《日落》（*Sunset*）。水面以外的世界都不存在了，只留下观众自己沉思的空间。

遗产：抽象印象主义

一个巨大的视角

安德烈·马松（André Masson），1952

从某种意义上讲，莫奈活过了和他同时代的人。让人惊讶的是，在20世纪的第三个十年里，他依然在作画。1917年，德加去世；1919年，雷诺阿去世。立体主义——他曾承认他完全不懂——的全盛时期来了又去，超现实主义者又震撼了巴黎的收藏家们。安德烈·布勒东——超现实主义者的先锋，对解析梦境和现实充满了兴趣，但他的笔下从未提到过莫奈。在阿尔弗雷德·巴尔那臭名昭著的现代艺术树状图中，莫奈并没有在列。美国的博物馆很晚才买进莫奈的晚期作品，直到1939年，莫奈的作品依然很少被艺术家或公众提及，橘园美术馆一度是巴黎极少有游客参观的旅游景点之一。

对莫奈的重新评价（甚至可以说是神化）始于美国，而且主要应归功于安德烈·马松，1952年他写了很多关于莫奈《睡莲》系列的文章。第二次世界大战期间，大批新的受众开始青睐他的作品，美国纽约年轻的先锋派艺术家开始努力创造一种热情、诱人且显著的抽象艺术。他们从莫奈的晚期作品中找到了方向。抽象艺术始于世纪交替的时期，整个社会开始变得更加贫乏而物质化。艺术家、作家和思想家开始感受到新时期的到来。那是一个精神的时代，艺术将成为精神满足的形

安德烈·马松（1896—1987）

安德烈·马松是法国早期主要的超现实主义画家之一，他常常对自动绘画（automatic drawing）和生物形态抽象（biomorphic abstraction）进行实验。战争年间，他逃亡到美国，继续发展他对神话意象的兴趣。1952年，他写了一篇意义重大的文章《莫基人莫奈》（*Monet le fondateur*），20世纪50年代，他开始将亚洲传统绘画、莫奈的印象主义和透纳的作品融入自己的作品。

对页图　山姆·弗朗西斯的这幅画带有莫奈晚期绘画的热烈和抒情性，但他放弃了莫奈对感觉的焦虑性关注，而是拥抱色彩、颜料和形状带来的喜悦。

上图　杰克逊·波洛克的这幅《薰衣草雾》（*Lavender Mist*）约 3 米长。正如其标题和尺寸所表达的，这幅画通过其他方式继续表现了莫奈关注的许多问题。泼出的油漆在一连串富有节奏感的姿势中滴下，遮蔽了闪亮的颜料网下隐藏的所有比喻。

式，艺术家必须承担起曾由教堂所承担的道德责任。像康定斯基、马列维奇和蒙德里安这样的艺术家开始用自己的方式为这些想法赋予视觉形式，由此开启了艺术的抽象化。

在战后的纽约，克利福德·斯蒂尔、巴尼特·纽曼、杰克逊·波洛克、马克·托比和山姆·弗朗西斯等艺术家成为莫奈色彩、风格，以及作品尺寸和创作追求的倾慕者和效仿者，他们因此必须创作大尺寸的画作，将观赏者包围起来，让他们沉浸在不定形的画面中。对作品价值的重估也开始了：克莱门·格林伯格在1948年的一篇文章《架上绘画的危机》（*The Crisis of Easel Painting*）中，大篇幅地提到了莫奈的作品。

莫奈的作品持续吸引了大批国际受众，其中大部分是通过他早期那些更传统的作品认识他的。他的受众最初了解莫奈作品的复杂和广度源自米歇尔·莫奈的遗愿。他继承了父亲的遗产，在他于1966年因车祸去世后，那些遗产移交给了法兰西艺术院下辖的玛摩丹美术馆，美术馆现在也掌管着莫奈在吉维尼小镇上的房产和花园。玛摩丹美术馆是收藏莫奈作品、书信、图纸及其他纪念物最多的地方。玛摩丹美术馆的莫奈藏品中，他晚年的作品被专门陈列出来。当你见到这些画作时，其能量、力量和原创性仍会让你感到惊讶和震撼。

莫奈的名气同样来自吉维尼的花园。花园现在已经被精心打理过了，就像他的艺术一样。他的这两项成就都给数以百万计的人带来了快乐和力量。在这点上，莫奈也许非常开心，他说：“我只擅长两件事，绘画和园艺。”

并且，有的人也许会说，这就已经足够了。

杰克逊·波洛克（1912—1956）

杰克逊·波洛克也许是美国最著名的抽象表现主义绘画大师。他师从地方主义画家托马斯·哈特·本顿。20世纪30年代，他开始受到墨西哥壁画家，尤其是何塞·奥罗斯科和迭戈·里维拉的影响，同时还受到超现实主义的一些影响。20世纪40年代中期，他开始以完全抽象的手法绘画，把颜料直接泼洒到画布上。他希望他的作品能尽量直接，是无意识且不经大脑思考的结果。

上图　保罗・塞律西埃的《护身符》（*The Talisman*）是他职业生涯中的一个转折点，让塞律西埃和其他同时代的人组成了一个名为纳比派（Nabis，意为先知）的流派。他们就艺术、象征主义及其他深奥的问题展开辩论。

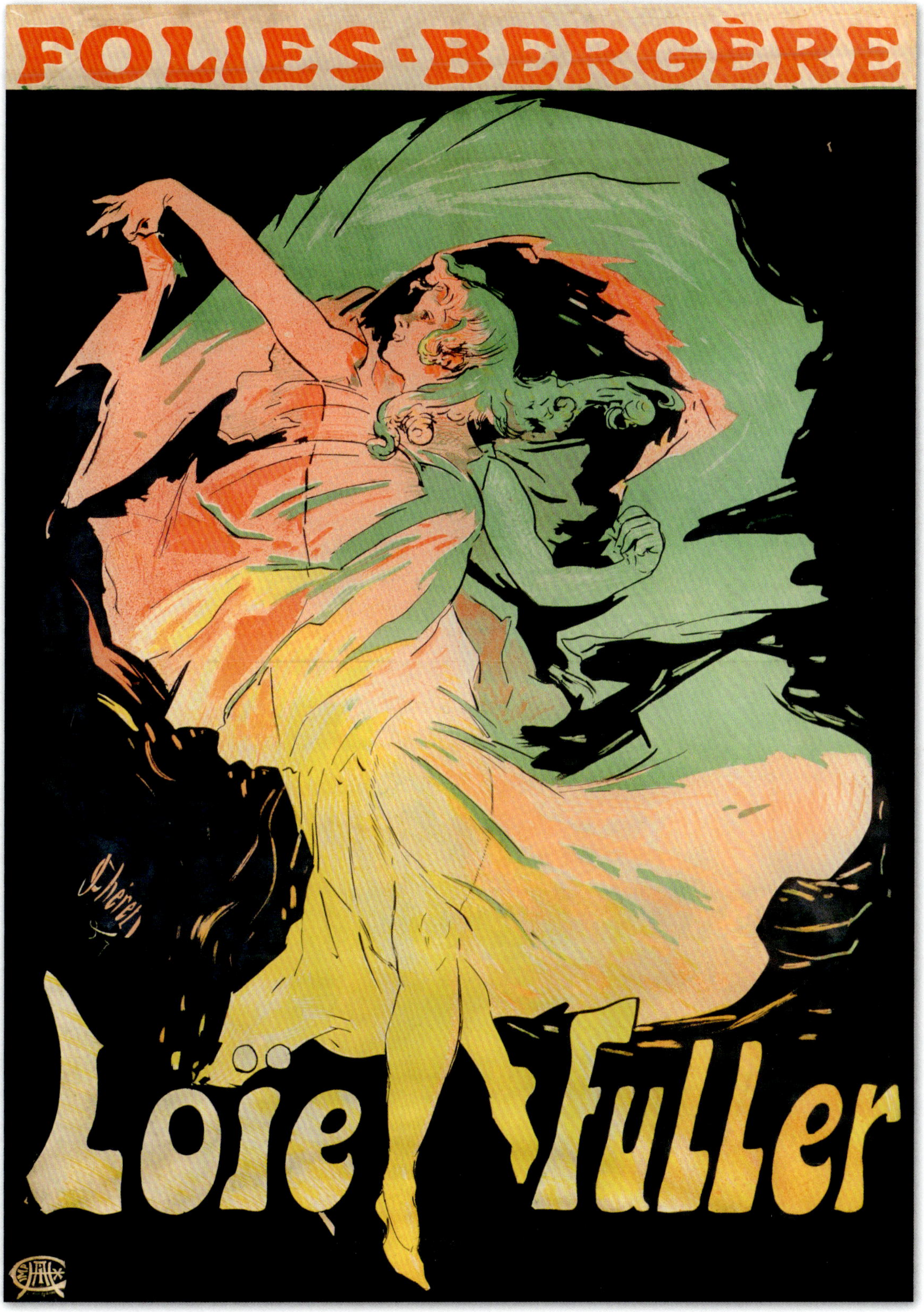

上图　这张海报捕捉到洛伊·富勒跳舞时的灵活性和表现力，舞台下的灯光让她的身体沐浴在不断变化的光线之下。她在 19 世纪末的表演，是莫奈作品鲜活的化身。

中外人名对照

Adolphe Monet 阿道夫・莫奈
Albert Cuyp 阿尔伯特・克伊普
Albert Wolff 阿尔贝・沃尔夫
Alexis Barrault 阿列克斯・巴罗
Alfred Barr 阿尔弗雷德・巴尔
Alfred Dreyfus 阿尔弗雷德・德雷福斯
Alfred Grevin 阿尔弗雷德・格雷万
Alfred Lostalot 阿尔弗雷德・罗斯塔洛
Alfred Sisley 阿尔弗雷德・西斯莱
Alice Raingo 艾丽丝・莱茵戈
André Breton 安德烈・布勒东
André Derain 安德烈・德兰
André Masson 安德烈・马松
Barnett Newman 巴尼特・纽曼
Berthe Morisot 贝尔特・莫里索
Camille Corot 卡米耶・柯罗
Camille Doncieux 卡米耶・东西厄
Camille Pissarro 卡米耶・毕沙罗
Carle van Loo 卡尔・范洛
Charles Baudelaire 夏尔・波德莱尔
Charles Gleyre 夏尔・格莱尔
Charles Suisse 夏尔・叙斯
Charles-François Daubigny 夏尔-弗朗索瓦・多比尼
CharlesMarie Lhuillier 夏尔・玛丽・吕利耶
Claude Debussy 克洛德・德彪西
Claude Lantier 克洛德・朗捷
Claude Lorrain 克洛德・洛兰
Clement Greenberg 克莱门・格林伯格
Clyfford Still 克利福德・斯蒂尔
Constant Troyon 康斯坦・特鲁瓦永
Diego Rivera 迭戈・里维拉
Edgar Degas 埃德加・德加
Edouard Manet 爱德华・马奈
Ernest Chesneau 埃内斯特・谢诺
Etienne Carjat 艾蒂安・卡尔加
Étienne Mallarmé 艾蒂安・马拉梅
Eugène Boudin 欧仁・布丹
Eugène Isabey 欧仁・伊沙贝
Eugène Delacroix 欧仁・德拉克洛瓦
Félix Breuil 菲利克斯・布勒伊
Félix Faure 菲利克斯・富尔
Félix Fénéon 费利克斯・费内翁
François Millet 弗朗索瓦・米勒
François-Charles Orchard 弗朗索瓦-夏尔・奥查德
Frédéric Bazille 弗雷德里克・巴齐耶
Frédéric Chevalier 弗雷德里克・舍瓦利耶
Fritz von Thaulow 弗里茨・冯・陶洛
Gaspard-Félix Tournachon 加斯帕尔-费利克斯・图尔纳雄
George du Maurier 乔治・杜穆里埃
Georges Clemenceau 乔治・克列孟梭
Georges Petit 乔治・珀蒂
Giuseppe Castiglione 朱塞佩・伽斯底里奥内
Gustatve Geffroy 居斯塔夫・热弗鲁瓦
Gustave Caillebotte 居斯塔夫・卡耶博特
Gustave Courbet 居斯塔夫・库尔贝
Gustave Eiffel 居斯塔夫・埃菲尔
Gustave Flaubert 居斯塔夫・福楼拜
Gustave Moreau 居斯塔夫・莫罗
Guy de Maupassant 居伊・德・莫泊桑
Henri Dabot 亨利・达波
Henri Fantin-Latour 亨利・方坦-拉图尔
Henri Grenet 亨利・格勒内
Henri Matisse 亨利・马蒂斯
J. Alden Weir J. 奥尔登・韦尔
J. K. Huysmans J.K. 于斯曼
Jackson Pollock 杰克逊・波洛克
Jacques Lecadre 雅克・勒卡代
Jacques-Louis David 雅克-路易・大卫
James McNeill Whistler 詹姆斯・麦克尼尔・惠斯勒
Jean-Baptiste Corot 让-巴蒂斯特・柯罗
Jean-Marie-Victor Viel 让-玛丽-维克多・维耶尔
Jean-Pierre Hoschedé 让-皮埃尔・奥谢德
Johan Barthold Jongkind 约翰・巴托尔德・戎金
John Singer Sargent 约翰・辛格・萨金特
José Orozco 何塞・奥罗斯科
Jules Castagnary 朱尔・卡斯塔尼亚里
Jules Michelet 朱尔・米什莱
Lawrence W. Chisholm 劳伦斯・W. 奇泽姆
Lilla Cabot Perry 莉拉・卡伯特・佩里
Loie Fuller 洛伊・富勒

Louis Leroy 路易·勒鲁瓦
Louise-Justine Aubrée 路易斯–朱斯蒂娜·奥布雷
Marcel Proust 马塞尔·普鲁斯特
Mark Tobey 马克·托比
Mary Cassatt 玛丽·卡萨特
Maurice de Vlaminck 莫里斯·德·弗拉曼克
Maurice Guillemot 莫里斯·吉耶莫
Maximilien Luce 马克西米利安·吕斯
Michel Monet 米歇尔·莫奈
Octave Mirbeau 奥克塔夫·米尔博
Odilon Redon 奥迪隆·雷东
Oscar Claude Monet 奥斯卡·克洛德·莫奈
Paul Cézanne 保罗·塞尚
Paul Durand-Ruel 保罗·迪朗–吕埃尔
Paul Sérusier 保罗·塞律西埃
Paulus Potter 保卢斯·波特
Pierre-Auguste Renoir 皮埃尔–奥古斯特·雷诺阿
Roger Marx 罗杰·马克思
Sacha Guitry 萨沙·吉特里
Sam Francis 山姆·弗朗西斯
Sengai Gibon 仙崖义梵
Stéphane Mallarmé 斯特凡纳·马拉梅
Theodore Butler 西奥多·巴特勒
Théodore Duret 西奥多·迪雷
Theodore Robinson 西奥多·鲁宾逊
Thomas Couture 托马·库蒂尔
Thomas Hart Benton 托马斯·哈特·本顿
Thoré-Bürger 托雷–伯格
Vanessa Daubney 瓦妮莎·多布尼
Victor Hugo 维克多·雨果
Wassily Kandinsky 瓦西里·康定斯基
Watteau van Loo 华图·范洛
Zacharie Astruc 扎沙里·阿斯特吕克

作者致谢

感谢我的家人，尤其是吉莱纳，她的艺术为我带来了诸多灵感，她务实的投入成为这本书不可或缺的一部分；我还要感谢马克斯和科迪莉亚的支持；感谢曼彻斯特城市大学的学生，他们忍我很久了；感谢各位专家，他们的成果增进了我们对莫奈及其艺术的理解；感谢高效、勤恳、坚忍不拔的瓦妮莎·多布尼，她与多比尼的家族关系使得这一项目水到渠成。

北京市版权局著作权合同登记号　图字：01-2019-4379

图书在版编目（CIP）数据

莫奈 /（英）迈克尔·霍华德（Michael Howard）著；李嫒，杨恩毅译. —北京：中国法制出版社，2020.1

书名原文：Monet

ISBN 978-7-5216-0529-7

Ⅰ. ①莫…　Ⅱ. ①迈… ②李…③杨…　Ⅲ. ①莫奈（Monet，Claude 1840—1926）—传记
Ⅳ. ① K835.655.72

中国版本图书馆 CIP 数据核字（2019）第 189490 号

策划编辑：李　佳（amberlee2014@126.com）
责任编辑：李　佳　刘冰清　　封面设计：汪要军

莫奈
MONAI
著者 /［英］迈克尔·霍华德（Michael Howard）
译者 / 李　嫒　杨恩毅
经销 / 新华书店
印刷 / 北京华联印刷有限公司
开本 / 889 毫米 ×1194 毫米　16 开　　印张 / 8.75　字数 / 203 千
版次 / 2020 年 5 月第 1 版　　2020 年 5 月第 1 次印刷

中国法制出版社出版
书号 ISBN 978-7-5216-0529-7　　定价：78.00 元

北京西单横二条 2 号　邮政编码 100031　　传真：010-66031119
网址：http://www.zgfzs.com　　**编辑部电话：010-66053217**
市场营销部电话：010-66033393　　**邮购部电话：010-66033288**
（如有印装质量问题，请与本社印务部联系调换。电话：010-66032926）

珍贵文献

N° 257. Marie Vigoureux
Le vingt Mai mil huit cent quarante un a été baptisée Lodoiska Adélaïde
Marie née le trois février mil huit cent quarante, fille de Père et Mère
non déclarés, adoptée par Simon Vigoureux rue Grange batelière 18.
L'enfant porte le nom de Monsieur Vigoureux
Le Parrain Jean Baptiste Goutière Dt rue du four St honoré 12.
La Marraine Jeanne Wallior rue Grange batelière 18.
Lesquels ainsi que le Père adoptif ont signé avec nous
S. Vigoureux Goutière J. Wallior Vandolotaque

N° 258 Claude Monet
Le vingt Mai mil huit cent quarante un a été baptisé Oscar
Claude né le quatorze Novembre mil huit cent quarante fils de
Adolphe Monet propriétaire, et de Louise Justine Aubrée
son épouse rue Laffitte 45 de cette Paroisse.
Le Parrain Claude Pascal Léonard Magne Monet
négociant oncle paternel de l'enfant Dt à Pancy.
La Marraine Antoinette Reine Julie Besson fme Monet
même demeure. Lesquels ainsi que le Père ont signé avec nous
A. Monet. C. Monet fme Monet
Vandolotaque

N° 259 Victorine Lenormand
Le vingt deux mai, mil huit cent quarante-un, a été
baptisée Louise, marie, victorine, née le dix mars dernier,
fille de Louis, Lenormand, architecte, et de Joséphine
Uranie, De Lavie, son épouse, rue des martyrs
67, de cette paroisse. Le parrain, Pierre Jean, antoine
gracian Garros, Dt rue Lafitte 7. La marraine,
Louise, Caroline, victorine, Goze, fe Garros, épouse
du parrain. Lesquels ont signé avec nous, ainsi
que le père présent, et la mère.
Victorine Garros Gracian Garros
Lenormand
Uranie Lenormand
Pardy

奥斯卡·克洛德·莫奈受洗证书。莫奈是在出生后五个月，于一八四一年五月二十一日在巴黎洛雷特圣母院教堂受洗的。

（第 1 页，第 2 条）

一八四一年五月二十日（附录中日期存在若干处出入，为保持原意不作改动）奥斯卡·莫奈受洗。莫奈出生于一八四〇年十一月十四日，是本教区拉菲特街店主阿道夫·莫奈和他妻子路易斯–朱斯蒂娜·奥布雷之子。

教父：克洛德·帕斯卡尔·莱昂纳尔·马克·莫奈，商人，孩子的叔叔，住在南希。

教母：安托瓦妮特·赖内·朱莉·弗雷松，教父莫奈的妻子。他们以及父亲在此签名。

（签名）A. 莫奈、C. 莫奈、朱莉·莫奈、范·波罗塔克

Séance du 18 Mai 1859

Dépenses Ordinaires, article 122 du Budget de 1859, que vous avez voté à titre de bourse pour faciliter les études à Paris d'un élève se destinant aux beaux Arts, peinture, sculpture, architecture et musique. Messieurs Boudin et Rion tous les deux peintres et qui tous les deux ont eu l'honneur de voir leurs tableaux admis à l'exposition en ce moment ouverte à Paris, ont été les pensionnaires de la ville du Havre, le premier de 1852 à 1854 et le second de 1857 à 1858. Dans votre séance du 21 Mars d^{er} vous avez renvoyé à une Commission composée de Mrs Marcel, Cloué & Mazouchet l'examen des candidats qui aspirent à obtenir la pension pour cette année.

Six demandes nous ont été soumises et nous croyons devoir vous analyser rapidement les titres de chacun des candidats.

1°. Martin (E.) né au Havre le 5 Février 1833, élève de l'Ecole Municipale de dessin se destinant à la peinture ne produit aucune recommandation ni pièce à l'appui de sa demande.

2°. Lamoisse (Arthur) né au Havre en 1841, présente divers dessins et tableaux à l'huile qui dénotent de louables efforts et peuvent donner des espérances pour l'avenir. Les services que rend encore en ce moment à la ville son père M. Lamoisse seraient certes de nature à appeler toute votre bienveillance en faveur de ce jeune homme que recommande également sa conduite; mais ce titre, quelque puissant qu'il soit, ne peut faire pencher la balance qu'entre deux candidats dont sous tous autres rapports le mérite personnel serait égal.

3°. Monnet (Oscar) né en 1841 ayant travaillé auprès de Mrs Ochard, Vissant et Boudin, présente avec sa demande un tableau de nature morte qui ferait mal juger son talent s'il n'était pas si complètement révélé par ces spirituelles esquisses que nous connaissons tous. Dans la voie où l'ont entraîné jusqu'ici de remarquables dispositions naturelles, dans la caricature puisqu'il faut l'appeler par son nom, Oscar Monnet a déjà trouvé la popularité si lente à venir aux œuvres sérieuses. Mais n'y a-t-il pas dans ces précoces succès, dans la direction jusqu'ici donnée à ce crayon si facile, un danger, celui de tenir le jeune artiste en dehors des études plus sérieuses mais plus ingrates qui seules ont droit aux libéralités municipales? L'avenir nous répondra.

4° Capinelli (Henri) né au Havre, s'est fait connaître à la dernière exposition de notre ville par une toile fort estimable (la tour du navire St Antoine), qui est devenue la propriété de l'un de nos honorables collègues. Sa mère chargée d'une famille de sept enfants, ne peut lui venir en aide et si déjà il est à Paris poursuivant ses études, il le doit à l'un de nos peintres de marine distingués, Mr Durand Brager qui l'a gratuitement admis dans son atelier particulier après avoir, écrit-il, reconnu en lui les qualités ou dons des conditions de travail constituant un vrai mérite. Mr Ch. Yvon le peintre de nos victoires, Bellangé Conservateur du Musée de Rouen et autres joignent leurs recommandations à celles de Mr Durand Brager en faveur de Capinelli. Mais ce jeune artiste, quoique né au Havre, n'est pas français, n'a pas subi la loi de la conscription, et à moins de circonstances tout à fait exceptionnelles, de mérite évidemment transcendant, n'y a-t-il pas justice à ce que ceux des enfants de la Ville qui supportent toutes les charges communes soient de préférence admis au bénéfice des largesses du budget?

5° Le cinquième candidat est un sculpteur, Jean (Aimable Edmond) né au Havre le 20 Novembre 1838 de parents havrais élève de l'Ecole Municipale de dessin et de Mrs Haumont frères sculpteurs. La tête qu'il soumet à votre examen a été ébauchée d'inspiration, elle nous a paru trahir des dispositions dignes de vos encouragements. MM Courcelle, Ochard et autres, dont nous avons dû réclamer les lumières s'accordent à reconnaître dans le jeune Jean les germes d'un talent qu'il y a lieu de cultiver par un travail bien dirigé et de développer au contact des œuvres des maîtres dont il n'est malheureusement pas encore trace dans notre Ville.

6° C'est à l'architecture qu'appartient le sixième candidat. Delarocque (Anthime Marin) né au Havre le 16 Mars 1836 au sein d'une vieille famille havraise. Ce jeune homme depuis 1853 a successivement travaillé dans les cabinets de Messieurs Brunet au Havre, Viel & Moll à Paris, qui tous s'accordent à louer ses dispositions autant que son assiduité et son excellente conduite. C'est

勒阿弗尔镇议会拒绝向莫奈提供资助以供其接受艺术教育。这是做此决定时的记录。这说明小镇议会认为，莫奈画这些漫画只是浪费才华，并且他不会认真学习。

（盖章页，158–159）

3. 莫奈（奥斯卡），生于一八四一年，与奥查德、维桑及布丹先生学画。莫奈在提出申请的同时，提供的静物画给人以不佳的印象。这些我们都熟悉的风趣素描没有展现其应有的才能。对于漫画——我们姑且这么称呼——奥斯卡·莫奈具有很强的天赋，并赢得了些许名气，但在严肃作品方面，他的进展非常缓慢。这些过早的成功，以及到目前为止他所拥有的唾手可得的才华，是否会让这位年轻的艺术家远离更严肃，收益更少，但却值得公共资金资助的学习？这个问题只有交给时间回答。

莫奈画的漫画，他因此在勒阿弗尔小有名气。

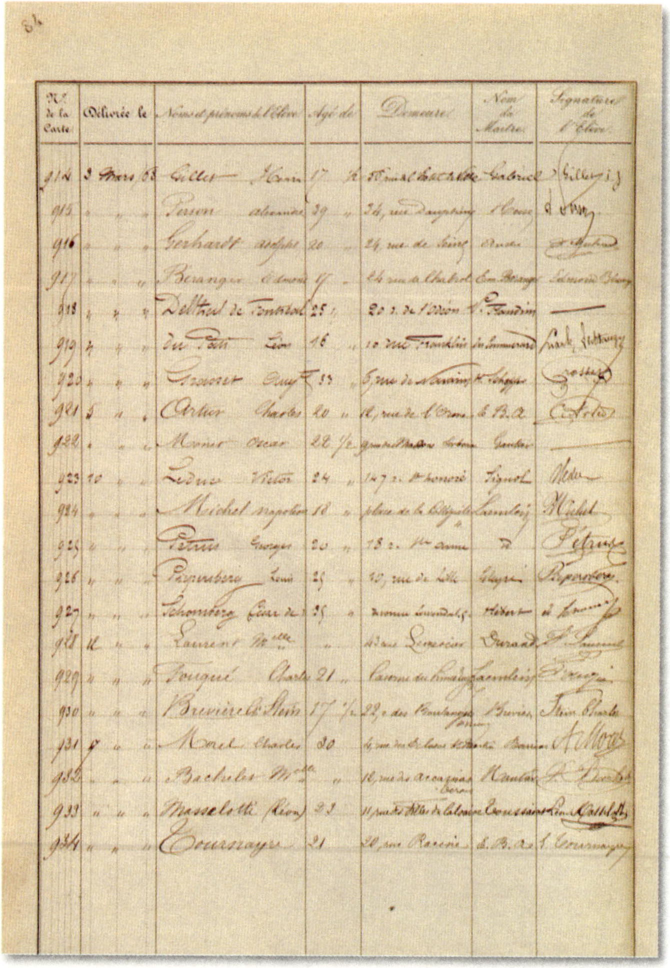

摘录自《卢浮宫临摹人员登记簿》。上面显示，一八六三年，莫奈与巴黎许多艺术学院的学生一样，登记并获允许进入卢浮宫博物馆临摹陈列出来的以前大师的作品。但是，莫奈的绝大部分时间却是在描绘从博物馆窗户眺望出去的风景。

（第 84 页，第 922 条）

一八六三年二月五日；奥斯卡 · 莫奈；22½（年龄）；索邦马德松街 19 号（地址）；戈蒂耶（老师姓名）（未签名）

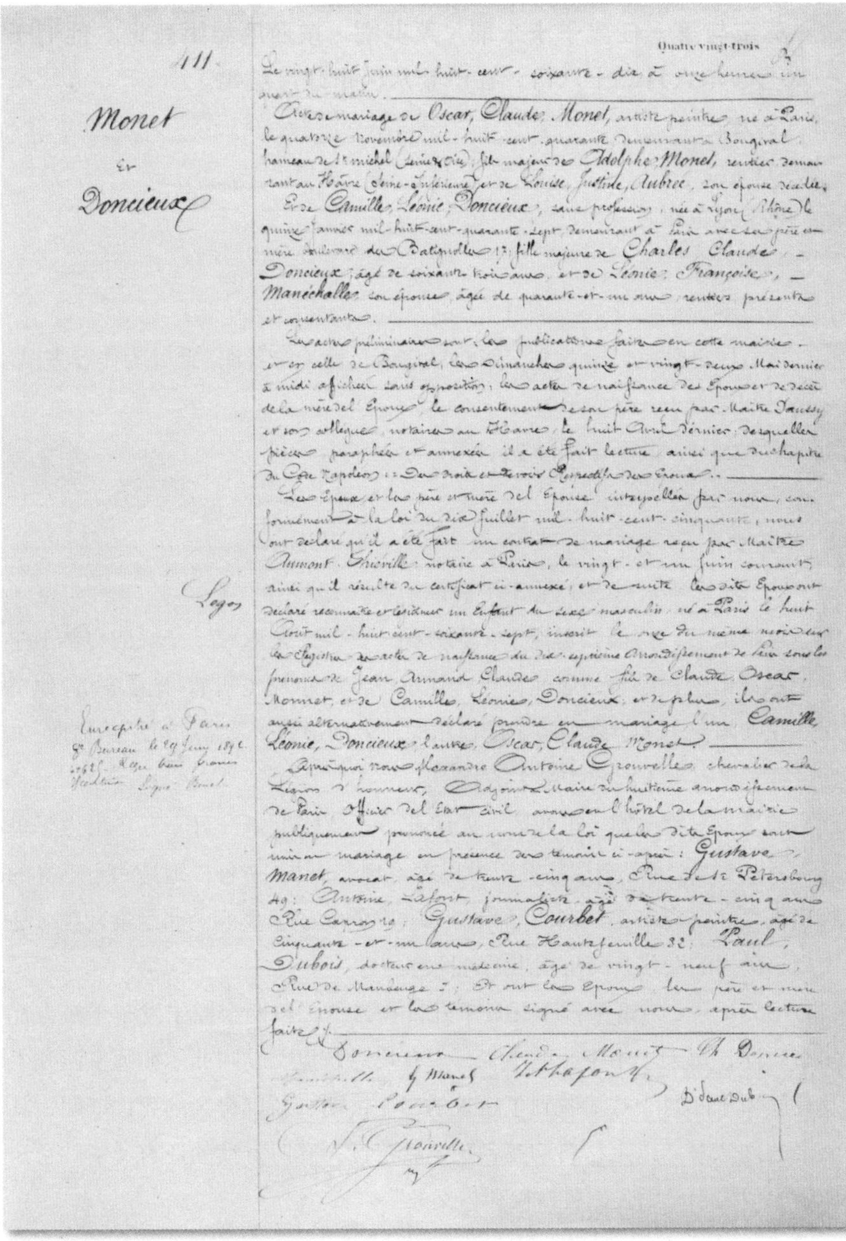

411.

Monet et Doncieux

Quatre-vingt-trois

Le vingt-huit juin mil huit cent soixante-dix à onze heures un quart du matin.

Acte de mariage de Oscar, Claude, Monet, artiste peintre, né à Paris, le quatorze novembre mil huit cent quarante, demeurant à Bougival, hameau de St Michel (Seine et Oise), fils majeur de Adolphe Monet, rentier, demeurant au Hâvre (Seine-Inférieure) et de Louise, Justine, Aubrée, son épouse décédée.

Et de Camille, Léonie, Doncieux, sans profession, née à Lyon (Rhône) le quinze janvier mil huit cent quarante-sept, demeurant à Paris avec ses père et mère boulevard des Batignolles 17, fille majeure de Charles Claude Doncieux, âgé de soixante-trois ans, et de Léonie Françoise Manéchalle, son épouse, âgée de quarante et un ans, rentiers, présents et consentants.

Les actes préliminaires sont les publications faites en cette mairie et en celle de Bougival les dimanches quinze et vingt-deux Mai dernier à midi affichées sans opposition; les actes de naissance des époux, de décès de la mère de l'époux, le consentement de son père reçu par Maître Jaussy et son collègue, notaires au Havre, le huit Avril dernier, desquelles pièces paraphées et annexées il a été fait lecture ainsi que du chapitre du Code Napoléon: Des droits et devoirs respectifs des époux.

Les époux et les père et mère de l'épouse interpellés par nous, conformément à la loi du dix juillet mil huit cent cinquante, nous ont déclaré qu'il a été fait un contrat de mariage reçu par Maître Aumont Thiéville, notaire à Paris, le vingt et un juin courant, ainsi qu'il résulte du certificat ci-annexé, et de suite lesdits époux ont déclaré reconnaître et légitimer un enfant du sexe masculin né à Paris le huit Août mil huit cent soixante-sept, inscrit le onze du même mois sur les registres des actes de naissance du dix-septième arrondissement de Paris sous les prénoms de Jean Armand Claude comme fils de Claude Oscar Monet, et de Camille Léonie Doncieux, et de plus, ils ont aussi alternativement déclaré prendre en mariage l'un Camille Léonie Doncieux, l'autre Oscar Claude Monet.

Légos

Enregistré à Paris 8e Bureau le 29 Juin 1870 ... Reçu ... francs ... Signé ...

Après quoi nous Alexandre Antoine Gronvelle, chevalier de la Légion d'honneur, Adjoint au Maire du huitième arrondissement de Paris, Officier de l'état civil, avons en l'hôtel de la mairie publiquement prononcé au nom de la loi que lesdits époux sont unis en mariage en présence des témoins ci-après: Gustave Manet, avocat, âgé de trente-cinq ans, Rue de St Pétersbourg 49; Antoine Lafont, journaliste, âgé de trente-cinq ans, Rue Carnot 10; Gustave Courbet, artiste peintre, âgé de cinquante et un ans, Rue Hautefeuille 32; Paul Dubois, docteur en médecine, âgé de vingt-neuf ans, Rue de Maubeuge 5; et ont les époux, les père et mère de l'épouse et les témoins signé avec nous, après lecture faite.

Doncieux Claude Monet Ch. Doncieux Manéchalle G. Manet Ant. Lafont Gustave Courbet Dr Paul Dubois A. Gronvelle

莫奈与第一任妻子卡米耶·莱奥妮·东西厄结婚登记。他们于一八七〇年六月二十八日，在巴黎八区市政厅结婚。

（旁注）

411

莫奈与东西厄

勒贡

于巴黎登记

第八区办公室，一八九二年六月二十九日（编者注：此处为作者失误，结婚时间应为一八七〇年）

第625号，收到3法郎25生丁。

签名：比奈

（正文）

一八七〇年六月二十九日上午十一点十五分。

结婚证书，持证人奥斯卡·克劳德·莫奈。艺术家，一八四〇年十一月十八日出生在巴黎，居住在布吉瓦尔圣米歇尔村（塞纳–瓦兹省），他是居住在勒阿弗尔（下塞纳省）的自由职业者阿道夫·莫奈和妻子路易斯–朱斯蒂娜·奥布雷（已故）最大的儿子。

卡米耶·莱奥妮·东西厄，无职业，一八四七年一月十五日出生于里昂（罗纳省），同母亲居住在巴黎巴蒂尼奥尔大街17号，她是六十三岁的收租人夏尔·克洛德·东西厄和四十一岁的妻子莱奥妮·弗朗索瓦丝·马内夏尔最大的女儿。父母均出席并同意。

预先记录：结婚预告于五月十五日和二十二日两个周末发布于布吉瓦尔市政厅，每天于中午张贴出来，未有反对意见。勒阿弗尔律师多西先生及其同事于四月十八日收到了新人的出生证明、新郎母亲的死亡证明、其父亲的同意书。以上材料均签名登记后宣读，同时宣读的还有《拿破仑法典》中“关于已婚夫妇各自权利与义务”一章。

我们按照《一八五〇年七月十日法》的规定，对新郎新娘以及新娘父母进行了询问。他们向我们宣称，巴黎律师奥蒙-迪耶维尔先生已于六月二十一日收到他们起草的结婚契约，契约附于本证书之后。二人声明，他们承认在一八六七年八月八日于巴黎生育一名男孩，并同意将其作为婚生子女。该男孩于同月十一日在巴黎第十七区出生登记处登记，登记姓名为让·阿尔芒·克洛德，是奥斯卡·克劳德·莫奈和卡米耶·莱奥妮·东西厄之子。二人同时宣称奥斯卡·克劳德·莫奈在婚后使用卡米耶·莱奥妮·东西厄和奥斯卡·克洛德·莫奈的名字。

鉴于此，我，荣誉军团骑士、巴黎第八区副区长、出生、婚姻、死亡登记主管亚历山大·安托万·格鲁维尔，在市政厅以法律的名义公开宣布，以上两人在下列人士的见证下结为夫妇：居斯塔夫·马奈，律师，三十五岁，圣彼得堡街 49 号；安托万·拉封，记者，三十五岁，卡布龙街 19 号；居斯塔夫·库尔贝，艺术家，五十一岁，奥特菲耶街 32 号；保罗·杜布瓦，医学博士，二十九岁，莫博日街 7 号。新郎新娘、新娘父母以及见证宾客均在正式朗读本文件后与我一同在此签名。（签名）

C. L. 东西厄、克洛德·莫奈

C. 东西厄·马内夏尔、G. 马奈

A. 拉封、居斯塔夫·库尔贝

保罗·杜布瓦博士

A. 格鲁维尔

莫奈在画圣拉扎尔车站时的一幅画稿。

莫奈对他小儿子米歇尔和让-皮埃尔·奥谢德的素描，两个孩子正全神贯注于自己的创作。

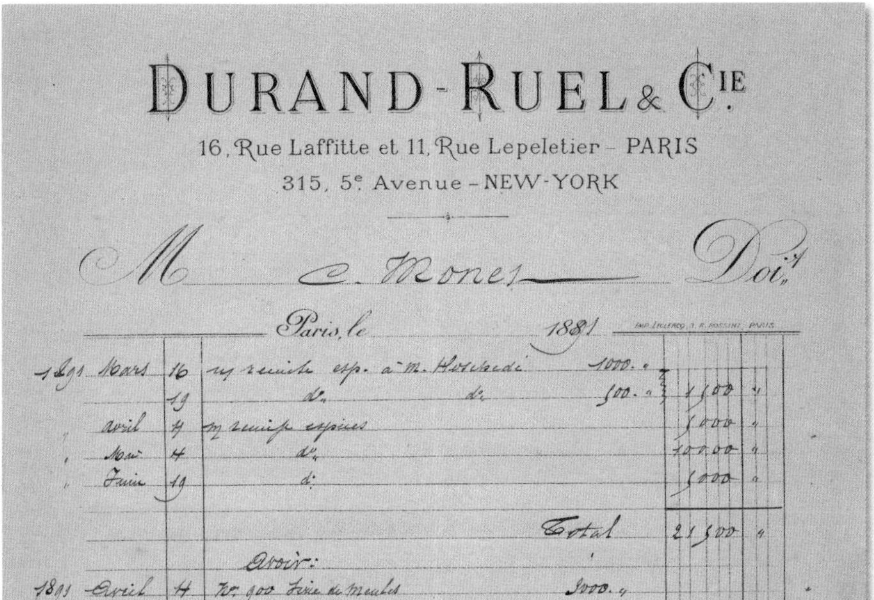
DURAND-RUEL & CIE.

16, Rue Laffitte et 11, Rue Lepeletier - PARIS

315, 5e Avenue - NEW-YORK

M C. Monet Doit

Paris, le 1891

Imp. Leclercq, 3, R. Rossini, Paris

1891	Mars	16	n/ remise esp. à M. Hoschedé	1000. "	
		19	d° d°	500. "	1500 "
	avril	4	n/ remise espèces		5000 "
	Mai	4	d°		10000 "
	Juin	19	d°		5000 "
			Total		21500 "
			Avoir:		
1891	Avril	4	N° 900 Série de Meules	3000. "	
			901 Prairie de la Creuse	2500. "	
			902 Bords de la Seine	2000. "	
	Mai	9	Meule fin d'été	3000 "	
			d°	3000 "	
			Soleil dans la brume	2500. "	
			Effet de neige	2500 "	
			d° temps couvert	2500 "	
			Coucher de soleil hiver	2500. "	
			Effet de neige, soleil	2500. "	
			Champ d'avoine	2000 "	
			d°	2000. "	
			Coquelicots	2000. "	
			à reporter	32000. "	21500 "

		Report	32000 "	21.500 "
1891 Juillet 2	bloc de rochers 2 ravins de la Creuse meules effet d'hiver le brouillard meules été prairies à Giverny		16000 "	
			48.000 "	21.500 "
	M. Monet créditeur de frs			26.500 .
				48000 .

26.500
29 000
55 500

当迪朗-吕埃尔公司购买莫奈画作的收据，这位艺术经纪人为莫奈的财富付出了很多。

M. C. 莫奈，巴黎，1891

1891 年 3 月 16 日于奥谢德先生处收到

		1000（法郎）
3 月 19 日	500	
4 月 4 日		
5 月 4 日		
6 月 19 日		

1891 年 4 月 4 日收到

第 900 号，干草垛系列	3000
第 901 号，克勒兹河谷	2500
第 902 号，塞纳河畔	2000
5 月 9 日，夏日的麦垛	3000
（同上）	3000
迷雾中的太阳	2500
雪景	2500
（同上）	2500
冬季日落	2500
雪中阳光	2500
燕麦地	2000
（同上）	2000
海水涟漪	2000
应付	32000

7
VÉTHEUIL (Seine-et-Oise). — L'Ile de Moisson

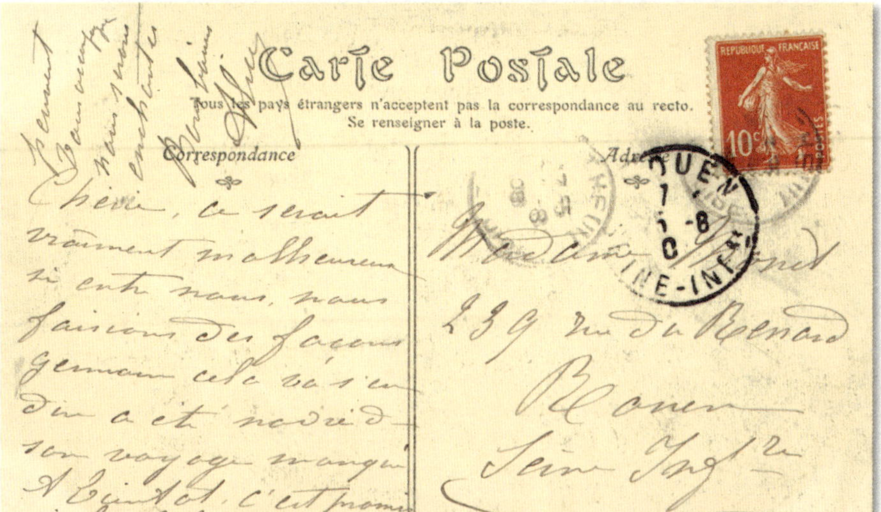
Carte Postale
Tous les pays étrangers n'acceptent pas la correspondance au recto.
Se renseigner à la poste.
Correspondance
Adresse
REPUBLIQUE FRANÇAISE
10c
POSTES

58 HONFLEUR. — L'Hôtel Saint-Siméon. — LL.

CARTE POSTALE
pas la Correspondance au recto.
CORRESPONDANCE
ADRESSE
EURE
OCT
Lamalou le Haut
(Hérault)

两张寄给让·莫奈夫人的明信片，即布朗什·奥谢德，克洛德·莫奈的儿媳。在她丈夫去世后，她成了继父的管家，但她本人也是一位有前途的画家。

明信片一

寄给莫奈夫人，

雷纳街 239 号，

鲁昂，

下塞纳省

我亲爱的，

我们俩要是闹翻那就太傻了。很显然，日尔曼因为无法前往而非常不高兴。

我们很快就会再见，我向你保证，如果萨勒鲁家和巴特勒家能和你一起来，我们会非常高兴。

致以我全部的爱，

艾丽丝

明信片二

寄给让·莫奈夫人，

戴尔麦大酒店，

拉马路勒沃，

埃洛尔

非常感谢你，亲爱的露露（？），谢谢你的来信，我简短地回复你。是的，哎，迈恩将于 8 号离开，也就是下周一，一切都太快了。我们星期三要去巴黎；开幕式是在星期四。并且我要回去陪迈恩（一次不太愉快的旅行！）。非常感谢你送给孩子们的糖果；我可以向你保证，他们非常高兴，并将享受一次真正的大餐。

（明信片正面）

我们所有人都爱你；

你一直在我们心中。

你永远深情的妹妹，

马尔特。

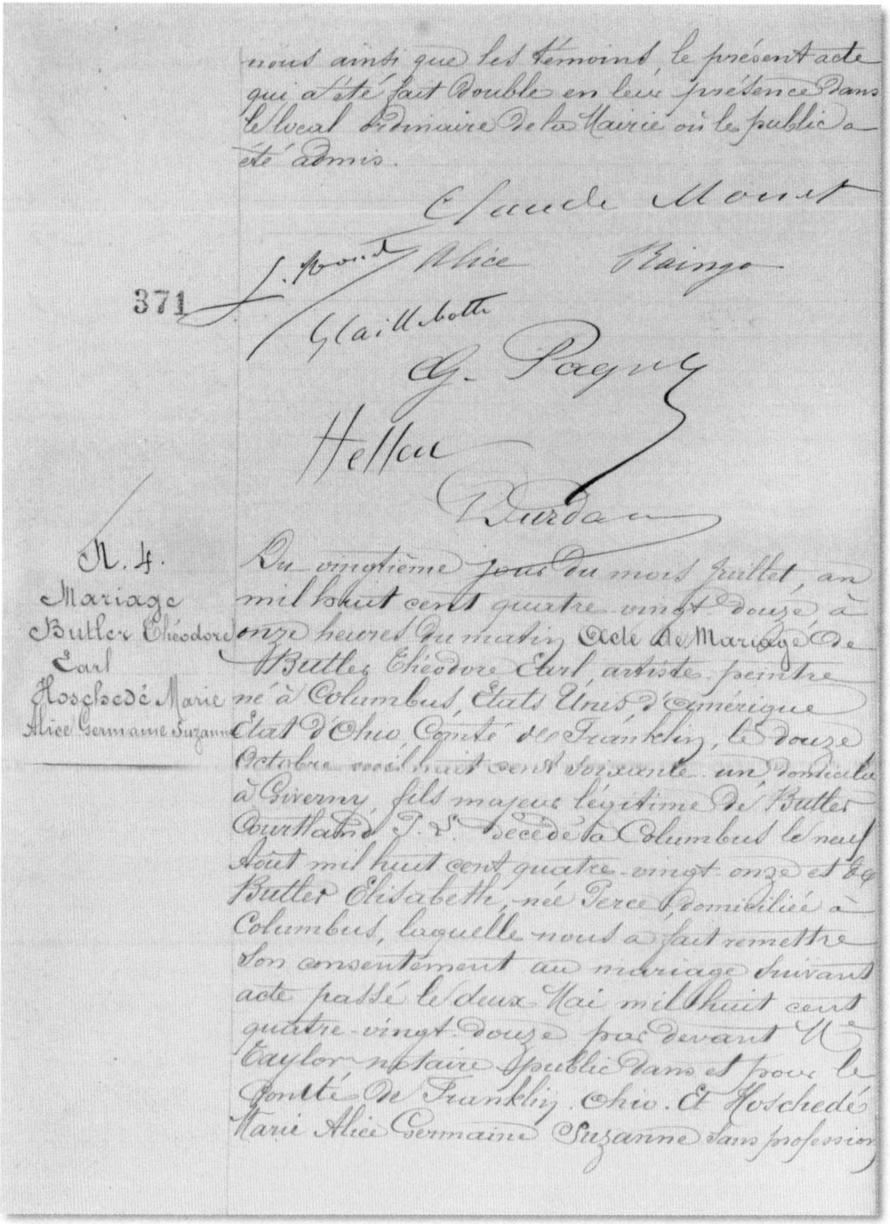

nous ainsi que les témoins, le présent acte
qui a été fait double en leur présence dans
le local ordinaire de la Mairie où le public a
été admis.

Claude Monet

G. Caillebotte

371

N. 4
Mariage
Butler Théodore
Earl
Hoschedé Marie
Alice Germaine Suzanne

Du vingtième jour du mois juillet, an mil huit cent quatre-vingt-douze, à onze heures du matin Acte de Mariage de Butler Théodore Earl artiste peintre né à Columbus, États Unis d'Amérique État d'Ohio, Comté de Franklin, le douze Octobre mil huit cent soixante un, domicilié à Giverny, fils majeur légitime de Butler Courtland P. L. décédé à Columbus le neuf Août mil huit cent quatre-vingt-onze et de Butler Elisabeth, née Pierce, domiciliée à Columbus, laquelle nous a fait remettre son consentement au mariage suivant acte passé le deux Mai mil huit cent quatre-vingt-douze par devant M. Taylor notaire public dans et pour le Comté de Franklin Ohio. Et Hoschedé Marie Alice Germaine Suzanne sans profession

ant sans profession domiciliée chez son père à Giverny. Sur la déclaration à nous faite par Ellier Auguste Léonide instituteur âgé de trente-neuf ans ami du défunt et de Picache Victor, âgé de soixante-neuf ans propriétaire aussi ami du défunt tous deux témoins et domiciliés à Giverny lesquels ont signé après lecture faite le présent acte qui a été fait double en leur présence et constaté suivant la loi par nous Maire de
368 la commune susdite remplissant les fonctions d'officier public de l'État civil.

Ellier Picache Le Maire Durdant

N. 3.
Mariage
Monet Oscar Claude et Raingo Angélique Emilie Alice.

Du seizième jour du mois de Juillet, an mil huit cent quatre-vingt-douze à dix heures du matin acte de Mariage de Monet Oscar Claude, artiste peintre, né à Paris, le quatorze Novembre mil huit cent quarante, domicilié à Giverny, fils majeur légitime de Monet Adolphe décédé, sans qu'on ait pu trouver le lieu de son décès et de Aubrée Louise Justine, décédée au Havre le vingt-huitième jour du mois de Janvier an mil huit cent cinquante-sept n'ayant ni aïeuls ni aïeules paternels ou maternelles et ignorant le lieu de leur décès le tout affirmé sous serment en présence des témoins au mariage. Et veuf en premières noces de Doncieux Camille Léonie, décédée à Vétheuil, Seine et Oise, le cinq Septembre mil huit cent soixante-dix-neuf.

et de Raingo Angélique Emélie Alice, rentière
née à Paris le dix neuf février mil huit cent
quarante-quatre, domiciliée à Giverny, fille
majeure légitime de feu Raingo Denis
Félicien Alphonse, décédé à Paris, IIIe Arrondis-
-sement, le vingt-un janvier mil huit cent
soixante-dix et de Boulade Jeanne
Coralie, décédée à Montgeron, le treize
369 Octobre mil huit cent soixante-huit. Veuve
de Hoschedé Jean Louis Ernest décédé à Paris
IXe Arrondissement le dix-neuf Mars mil
huit cent quatre-vingt-onze; ne connaissant
de ses aïeuls ou aïeules que le lieu de
de décès de Leroy Christine Éléonore, aïeule
maternelle décédée le huit décembre mil huit
cent soixante-quatorze. Les publications de
mariage ont été faites en la Mairie de
Giverny la première le dimanche trois Juillet
et la seconde le dimanche dix du même mois
affichées à l'heure de midi et conformément
aux articles soixante-trois et soixante-quatre
du code civil, sans qu'il soit survenu aucune
opposition. Les futurs conjoints ont produit
et déposé 1° leurs actes de naissance 2° l'acte
de décès de Doncieux Camille Léonie 3° l'acte
de décès de Hoschedé Jean Louis Ernest 4°
l'acte de décès de Aubrée Louise Justine mère
de l'époux 5° l'acte de décès du père de l'épouse
6° l'acte de décès sa mère 7° l'acte de décès de
son aïeule maternelle, le tout en bonne forme
Après lecture faite par nous aux termes
de la loi de toutes les pièces mentionnées

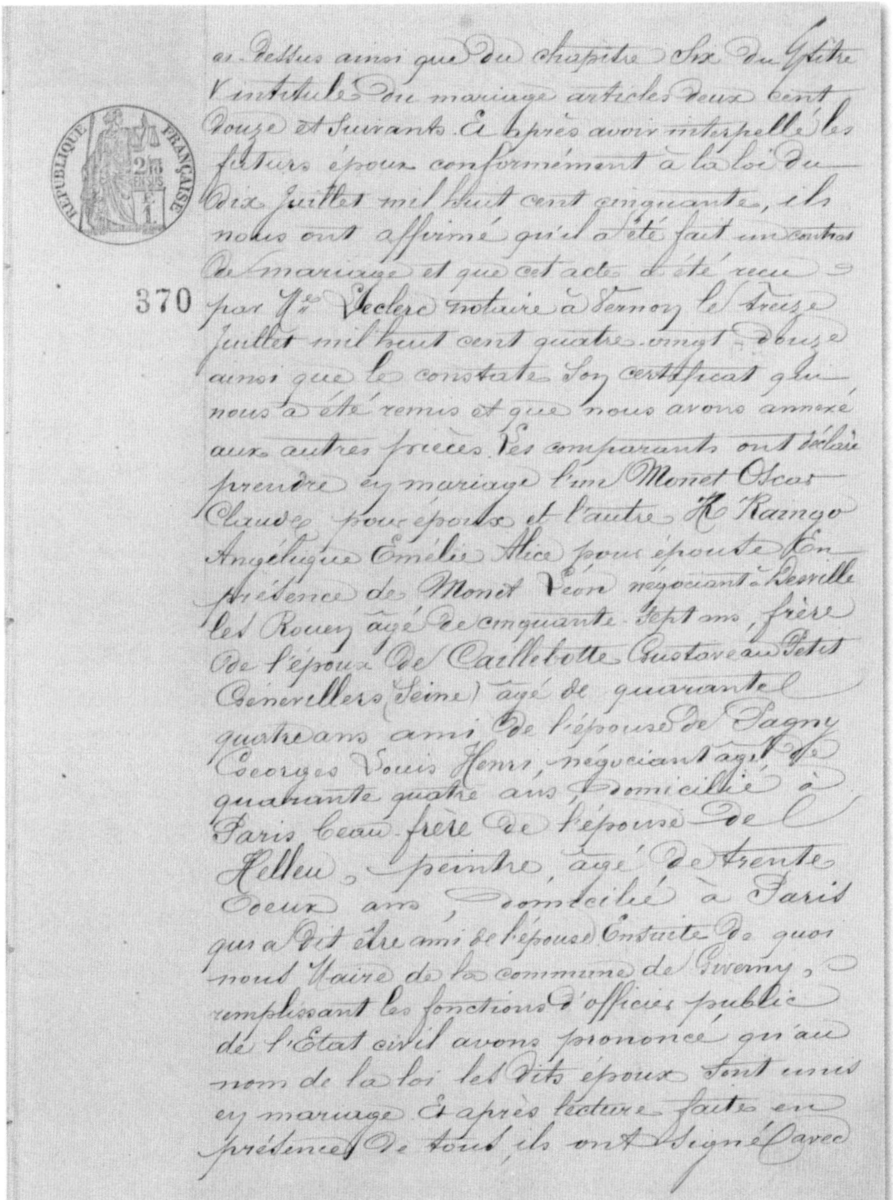

ci-dessus ainsi que du chapitre six du titre
l'intitulé du mariage articles deux cent
douze et suivants. Et après avoir interpellé les
futurs époux conformément à la loi du
dix juillet mil huit cent cinquante, ils
nous ont affirmé qu'il a été fait un contrat
de mariage et que cet acte a été reçu
par Me Leclerc notaire à Vernon le treize
juillet mil huit cent quatre-vingt-douze
ainsi que le constate son certificat qui
nous a été remis et que nous avons annexé
aux autres pièces. Les comparants ont déclaré
prendre en mariage l'un Monet Oscar
Claude pour époux et l'autre H. Raingo
Angélique Emélie Alice pour épouse. En
présence de Monet Léon négociant à Deville
les Rouen âgé de cinquante-sept ans, frère
de l'époux. De Caillebotte Gustave au Petit
Gennevilliers (Seine) âgé de quarante
quatre ans ami de l'épouse. De Pagny
Georges Louis Henri, négociant âgé de
quarante quatre ans domicilié à
Paris beau-frère de l'épouse. De
Helleu, peintre, âgé de trente
deux ans, domicilié à Paris
qui a dit être ami de l'épouse. Ensuite de quoi
nous Maire de la commune de Giverny,
remplissant les fonctions d'officier public
de l'Etat civil avons prononcé qu'au
nom de la loi les dits époux sont unis
en mariage. Et après lecture faite en
présence de tous, ils ont signé avec

莫奈和艾丽丝·奥谢德的结婚登记，于一八九二年七月十六日在吉维尼市政厅进行。他们的见证人包括，时尚肖像画家埃鲁和艺术家居斯塔夫·卡耶博特。

（旁注）

结婚人：奥斯卡·克劳德·莫奈和安吉里克·艾米莉·艾丽丝·莱茵戈

（正文）

一八九二年七月十六日，上午十时。

结婚证书，持证人奥斯卡·克劳德·莫奈。艺术家，一八四〇年十一月十八日出生在巴黎，定居在吉维尼，他是父亲阿道夫·莫奈和母亲路易斯-朱斯蒂娜·奥布雷最年长的合法婚生子。父亲已故（地点未知），母亲于一八五七年一月二十八日故于勒阿弗尔，祖父母和外祖父母均已故，地点不详。以上均在证婚人面前宣誓确认，他是卡米耶·东西厄的鳏夫（第一次婚姻），一八七九年九月五日故于弗特伊（塞纳与瓦兹省）。

安吉里克·艾米莉·艾丽丝·莱茵戈，经济独立，一八四四年二月十九日出生于巴黎，定居于吉维尼，是父母最年长的合法婚生女。她的父亲德尼·吕西安·阿方斯·莱茵戈，一八七〇年一月二十一日故于巴黎（第三区），母亲布拉德，让娜·科拉莉，一八六八年十月十三日故于蒙热龙。（艾丽丝是）让·路易·埃内斯特·奥谢德的遗孀，奥谢德于一八九一年三月十九日故于巴黎（第九区），仅知晓其一位祖父母辈的长辈，即外祖母勒鲁瓦·克里斯蒂娜·埃雷奥诺尔的死亡地点，她于一八七四年十二月八日过世。

该公告第一次于七月三日星期日发布在吉维尼市政厅，第二次于同月十日星期日发布，该公告根据《民法典》第六十三条和第六十四条的规定，均在中午发布，无异议。新娘和新郎须制作并提交：

1. 他们的出生证明

2. 卡米耶·莱奥妮·东西厄的死亡证明

3. 让·路易·埃内斯特·奥谢德的死亡证明

4. 路易斯-朱斯蒂娜·奥布雷，新郎母亲的死亡证明

5. 新娘父亲的死亡证明

6. 她母亲的死亡证明

7. 她母系外婆的死亡证明

所有材料均准确有序。

我们已按照法律要求，向拟结婚的夫妇宣读了上述所有文件以及《婚姻条例》第六章，第二百一十二条及以后的内容。按照我们的要求，根据《一八五〇年七月十日法》的规定，他们声明已起草婚姻合同，并且按照维尔侬的律师勒克莱尔证明里的说法，他已于一八九二年七月十三日接收该文件。该文件已交予我处，并附于其他文件之上。

这对夫妻已经宣布：

她将接受奥斯卡·克劳德·莫奈，作为自己的丈夫，他也将接受安吉里克·艾米莉·艾丽丝·莱茵戈，作为自己的妻子。现场的证婚人有莱昂·莫奈，德维尔莱鲁昂的交易员，五十七岁，新郎的哥哥。小热讷维利耶（塞纳省）的居斯塔夫·卡耶博特，四十四岁，新娘的朋友。帕尼·乔治·路易·亨利，交易员，四十四岁，定居巴黎。新娘的姐夫埃鲁，画家，三十二岁，定居巴黎，自称新娘的朋友。

随后，我，吉维尼市市长，以辖区内出生、婚姻、死亡登记主管的名义，正式宣布，上述二人在法律上正式结为夫妻关系。

本证明已在全体人员面前正式宣读，他们、我们，以及证婚人共同签署了本文件，本文件一式两份，由他们亲自前往市政厅当场签发，由公众见证。

（签名）

克洛德·莫奈

J. 莫奈、艾丽丝·莱茵戈

G. 卡耶博特

G. 帕尼

埃鲁

杜尔当

VERNON
EURE
Angleterre
Monsieur Lucien Pissarro
East Knoyle
Salisbury

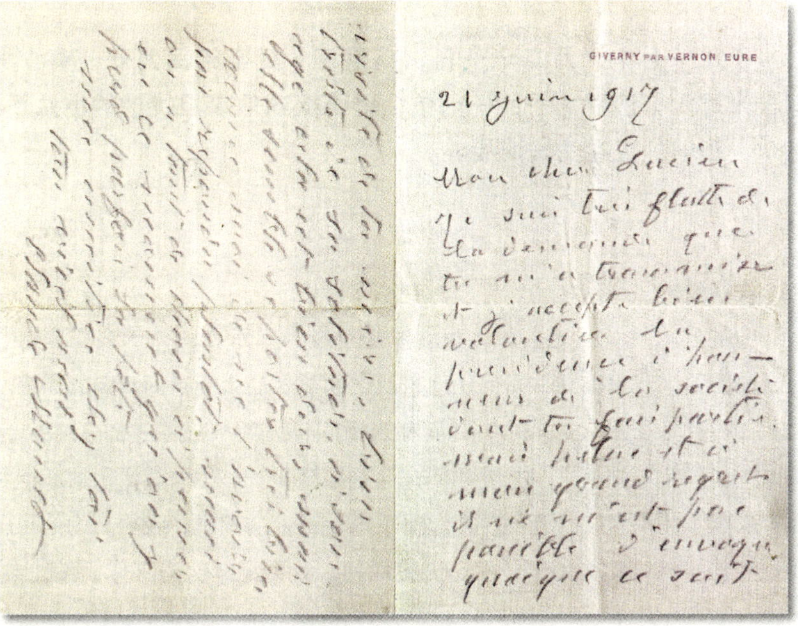
GIVERNY PAR VERNON, EURE

21 juin 1917

Mon cher Lucien

Je suis très flatté de la demande que tu m'a transmise et j'accepte bien volontiers la présidence d'honneur de la société dont tu fais partie. mais hélas et à mon grand regret il ne m'est pas possible d'envoyer quoique ce soit

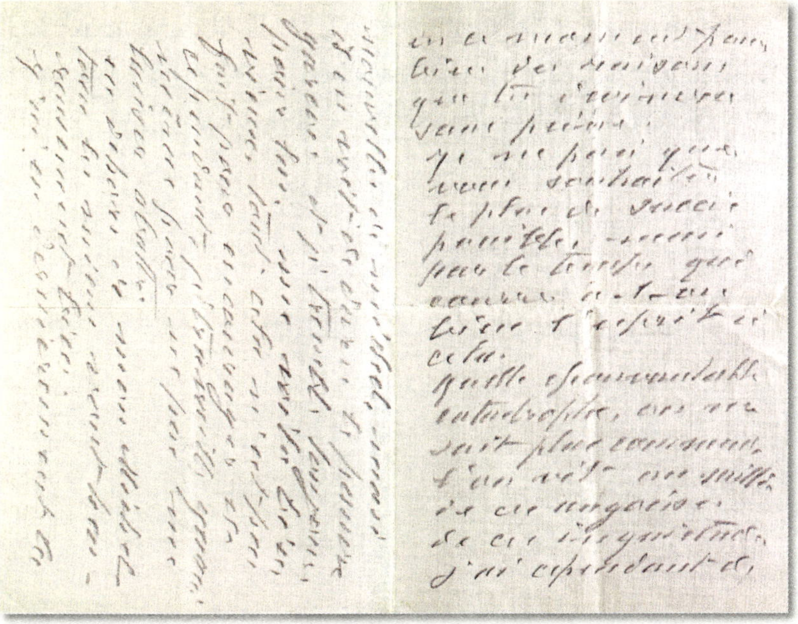
en ce moment, pour bien des raisons que tu devineras sans peine.

Je ne puis que vous souhaiter le plus de succès possible, — mais pas le temps quel courage il faut au lieu d'esprit de cela.

Quelle épouvantable catastrophe, on ne sait plus comment l'on vit au milieu de ces angoisses, de ces inquiétudes. j'ai cependant de

一九一七年六月二十一日，克洛德·莫奈给吕西安·毕沙罗，即卡米耶·毕沙罗之子的一封信，里面提到他很担忧他的小儿子米歇尔，那时他正在索姆河战斗。

吉维尼，维尔侬，厄尔

一九一七年六月二十一日

我亲爱的吕西安，

你的要求使我受宠若惊，我欣然接受成为你所属团体的名誉理事长，但遗憾的是，我目前无法寄出任何东西，你很容易就能猜到其中的原因。

我祝你取得最大的成功，尽管在当下确实力不从心。多么可怕的一场灾难，我确实不知道一个人要如何在这些烦恼和忧愁中继续活下去。但是，我有米歇尔的消息，尽管他现在过得艰难，可怜的孩子，我一直为他焦虑。我已经老了，无能为力了，但是无论如何，我会继续努力工作，不让自己沮丧。

幸运的是，除了我的米歇尔，我的所有家人都很好。我最近去看了你母亲，在她这个年纪独自一人，对她而言是很大的考验，但是她似乎能够承受。原谅我没有早些写信给你，我现在心里压了太多的事情，有时候也会忘事。

致以最诚挚的问候，

老朋友

克洛德·莫奈

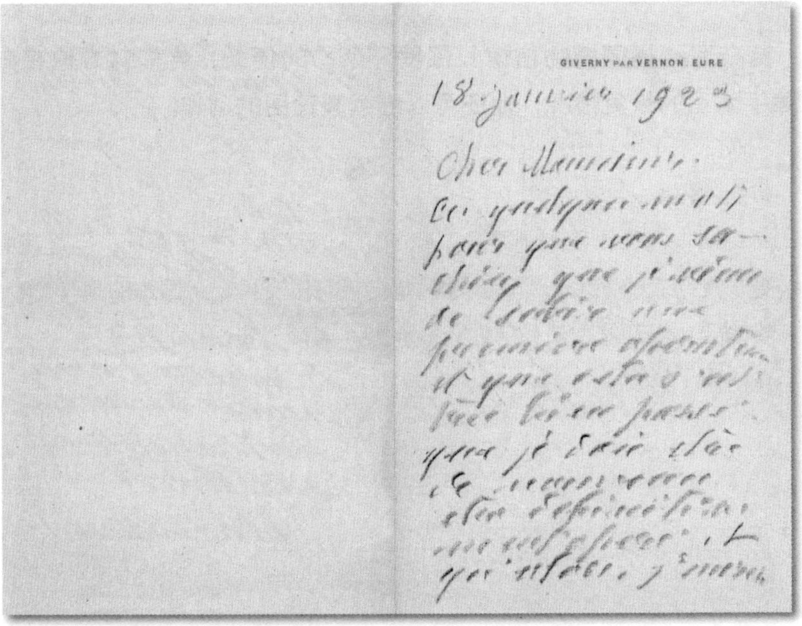
GIVERNY PAR VERNON EURE
18 janvier 1923
Cher Monsieur,

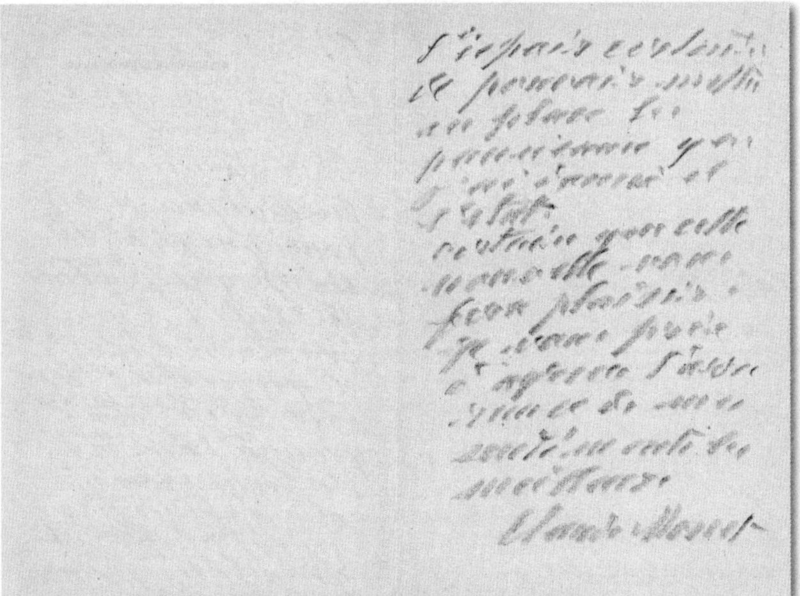
Claude Monet

莫奈写给橘园博物馆馆长保罗·莱昂的便条，告知对方他在白内障手术后的恢复情况，他还可以继续睡莲图的创作。

一八二三年一月十八日

亲爱的先生，

简短地告诉你，我刚刚接受了我的第一次手术，一切顺利，但是我必须接受一次彻底的手术，然后我才确定自己可以交付赠予国家的画。

我确定，听到这个消息后你会很高兴，请接受我诚挚的祝福。

克洛德·莫奈

一幅严肃的大幅素描，贡多拉小船独特的苍白阴影和光秃秃的画布，表现出晨光的熹微。

一张莫奈夫妇度假时的照片，令人心动，拍摄于艾丽丝去世前三年。作为游客，莫奈看起来似乎有点不自在。